"讲好中国故事"系列丛书

百家姓故事

○ 总 主 编 单承彬
○ 本书编著 刘富伟

中國故事

上册

山东城市出版传媒集团·济南出版社

图书在版编目（CIP）数据

百家姓故事·上册/刘富伟编著．——济南：济南出版社，2017.11

（"讲好中国故事"系列丛书／单承彬主编）

ISBN 978 - 7 - 5488 - 2854 - 9

Ⅰ.①百… Ⅱ.①刘… Ⅲ.①古汉语—启蒙读物 Ⅳ.①H194.1

中国版本图书馆 CIP 数据核字（2017）第 286918 号

出 版 人	崔 刚
丛书策划	冀瑞雪
责任编辑	冯文龙
封面设计	侯文英
封面插图	王承山

出版发行	济南出版社
地　　址	济南市二环南路1号（250002）
编辑热线	0531 - 86131747
发行热线	82709072　86131747　86131729　86131728（发行部）
印　　刷	山东新华印刷厂潍坊厂
版　　次	2018年4月第1版
印　　次	2018年4月第1次印刷
成品尺寸	160mm×220mm　16开
印　　张	7.5
字　　数	98千
印　　数	1—10000册
定　　价	27.00元

（济南版图书，如有印装错误，请与出版社联系调换。联系电话：0531 - 86131736）

丛书编纂委员会

总 主 编 单承彬

本 书 编 著 刘富伟

丛书编委会 （按姓氏笔画排序）

    王　斌　刘富伟　孙　刚　李杰俊

    李晓红　杨　峰　张庆伟　单天罡

    单承彬　段　宁　徐雪辉　焦福民

总　序

　　几年前，印度尼西亚华人学校的几位校长来曲阜做短期研修，经常到我这里聊一些他们工作、生活上的事情。其中，谈论最多的，是他们从事华文教育的困惑。在印度尼西亚，教华人少年学习汉语，并不是最大的困难。在中国，孩子们每天都沉浸在华夏文化里面，平时衣食住行，耳染目濡，无非中华文化，文化教育在潜移默化中即可实现。但是，在印度尼西亚，却不具备这样的环境，汉语教育多与日常生活脱节。所以，他们遇到的最大困惑，是如何把文化教育有效地渗透到语言教学当中。

　　针对这一问题，我们曾设想，可以把中华文化的经典名著改编成故事的形式，便于华文学校的教师、学生阅读使用。这样，就能很容易地拉近读者与中华文化的距离。我建议，可以先从最简易处做起，把唐诗宋词、"四大名著"和传统经典戏曲里面适合海外少年接受的内容抽绎出来，写成通俗易读的短篇故事，辅以插图、注音和浅近的释义，篇幅不要大，内容不要深，但形式必须十分活泼，重点是突出反映中华民族的核心理念。

　　之后，大家便分头准备，动手工作。我约请了几位在学校工作的同道，详细讨论编纂方案。校长们回国后联系出版商，计划将来在印度尼西亚出版发行。由于其他一些原因，此事后来并未成功，唐诗部分、《西游记》和几部古典戏曲的故事样稿却已经完成，一直放在那里。不过，采用讲故事的方式，开展华夏文化教育的想法，并没有因此而放弃。

最近几年，尤其是党的"十八大"以来，以习近平同志为核心的党中央，十分注重文化建设和文化发展。习主席多次发表重要讲话，号召弘扬优秀传统文化，开展中华传统文化教育。他指出：讲中国故事是时代命题，讲好中国故事是时代使命。当中国与故事关联时，中国就不是一般的中国，故事也不是一般的故事。中华民族数千年的文化、文明发展史，就是一部美不胜收的"中国故事汇"，其中的文化典籍，是这些故事的重要载体。

几年来，我们从事国学经典教育的实践证明，引导青少年学习、阅读中华文化经典，是开展优秀传统文化教育十分有效的重要途径。而且，从中国教育史的角度看，传统蒙学正是把经史子集中的核心内容，通过便于儿童识记、诵习的简易形式，春风化雨般渗透到教材当中，知识教育和文化教育水乳交融，收到了良好的效果。

因此，我们从众多文化典籍中，遴选出50部大家公认的经典，编纂了这套"讲好中国故事"系列丛书，以故事的形式进行经典教育。本套丛书计划分辑出版，根据难易程度搭配，每辑10种，共5辑。

单承彬

2017年9月28日于孔子故里

目 录

上 册

序　言 / 005

1. 赵括纸上谈兵 / 009
2. 周兴"请君入瓮" / 014
3. 吴隐之笑酌贪泉 / 019
4. 杨震暮夜却金 / 024
5. 张世杰厓山海战 / 029
6. 孔融末世悲情 / 035
7. 陶侃珍惜分阴 / 039
8. 谢安以身教儿 / 045
9. 窦仪独识铜镜 / 050
10. 范仲淹三黜三光 / 055
11. 马援马革裹尸 / 061
12. 柳公权心正笔正 / 067
13. 于谦童年巧对 / 072
14. "面涅将军"狄青 / 077
15. 谈迁重写《国榷》 / 083
16. 宋濂冒雪访师 / 089
17. 董奉杏林春暖 / 095
18. 贾逵隔篱偷学 / 100
19. 娄师德唾面自干 / 105
20. 颜杲卿断舌骂贼 / 111

下 册

21. 徐德言破镜重圆 / 119
22. 万斯同布衣修史 / 125
23. 宗悫乘风破浪 / 131
24. 溜须佞臣丁谓 / 137
25. 包拯砚渚清风 / 143
26. 左思洛阳纸贵 / 148
27. 崔护人面桃花 / 153
28. 荀灌突围求援 / 158
29. 邴原失亲求学 / 165
30. 班超投笔从戎 / 170
31. 刘禹锡"诗豪"风骨 / 176
32. 白居易居天下亦易 / 183
33. 姬旦教子有方 / 188
34. 晏殊诚实笃信 / 193
35. 阎若璩苦学开窍 / 201
36. 桓荣稽古为荣 / 207
37. 司马光至诚不欺 / 213
38. 欧阳修为文有"三多" / 219
39. 诸葛亮俭以养德 / 224
40. 皇甫谧笃学成书淫 / 229

序　言

　　怀山之水，必有其源；参天之木，必有其根。每一个人，都有自己的生命之根；每一个家族，都有自己的血脉之源。这个根源就是中华民族薪火相传的姓氏文化，在那里蕴含着中华民族的国民性格，在那里奠定了中华文明的文化基因。

　　从这一意义上来说，在传统启蒙教材中，与人们关系最密切的，恐怕非《百家姓》莫属。作为一个中国人，无论男女老少，无论识字与否，谁不会哼几句"赵钱孙李，周吴郑王"呢？谁不想知道自己的姓氏在《百家姓》中的排名位置呢？可是，要真地问起《百家姓》的来龙去脉，又不是三言两语能讲得清楚的。

　　关于《百家姓》的成书年代和编撰者，至今没有一个确切的说法。通常认为，它产生于北宋初年，编撰者是钱塘（今浙江杭州）地区的一位老年儒生。首先要指出一点，《百家姓》是由"百姓"一词演绎而成，意即全天下的姓氏，所以名义上称为"百家姓"，实际上姓氏的数量远不止一百家。据统计，最早版本的《百家姓》收录姓氏411个，后来陆续增补到504个，其中单姓444个，复姓60个。

　　至于《百家姓》的性质，可以从识字、辨音、认姓三个方面加以说明。《百家姓》原书有118句472字，以后又增加到568字。在"三百千"中，它是字数最少的，且极少有重复字，故能在较短时间内使儿童最大限度地掌握常用汉字。它有时还以真、草、隶、篆等多书体刊印发行，也有很多书法名家写有《百家姓》的法帖，这就更能激发儿童识字、习字的兴趣。与此同时，《百家姓》编排得当，四字一句，形式整齐，平仄押韵，音律和谐，读来朗朗上口，颇富节奏感，便于儿童朗读、记忆和背诵。《百家姓》所列的大多数是常见的姓氏，故具有强烈的实用功能和社会功能，能读、会写这些姓氏，将在迎来送往的日常交际中发挥立竿见影的效果。因此，《百家姓》在民间颇受欢迎。

本书在体例上由三部分组成：一是姓氏故事，二是姓氏起源，三是有关姓氏文化的知识拓展。

在姓氏故事的选取上，兼顾思想性、艺术性与可读性。思想上，注重选取价值观正、审美情趣高、富有教育意义的历史故事；艺术上，注重故事的真实性、戏剧性、传奇性，在真实可信的基础上加以适当渲染，调整叙事手法以增强故事悬念；语言上，采用通俗易懂的白话文，即便是引用原文（主要是诗词及成语典故），也会解释、剖析其意蕴所在，对古代的年号、地名均在括号内注明，一些较为生僻的字词也在括号内注上汉语拼音。这样做的目的就是让同学们喜闻乐见，不仅是"阅"读，而且是"悦"读。

在姓氏起源的介绍上，尽量做到语言简明扼要，不蔓不枝，交待清楚每一姓氏的主要来源，有时还和姓氏故事的主人公形成呼应，简单梳理一下其家族的来龙去脉，将姓氏起源落到实处。

在姓氏知识的呈现上，以前面的姓氏故事、姓氏起源为引子，以博大精深的中华姓氏文化为抓手，介绍与姓氏有关的物质文化和非物质文化，其内容包括姓氏流变以及郡望、家谱、堂号、堂联等各种姓氏文化载体，以窥见其背后所蕴含的文化内涵、民族精神与家国情怀，同时兼顾姓氏文化的知识性、趣味性与实用性。

我们力图运用浅显易懂的语言，让《百家姓》故事更富于穿透力与亲和力，与小读者们心贴心、心连心。通过通俗易懂的讲述、深入浅出的阐释，使大家了解姓氏故事背后的中国智慧、中国情怀和中国气度。通过这种方式，激活潜隐在大家内心深处的集体意识、中国记忆，复活蕴藏在古老经典中的时代精神、内在生命，让中国形象在国人脑海中、国际舞台上变得更为鲜活而灵动！

  我们都有一个共同的根，我们都是炎黄子孙。我们都有一个共同的家，我们都是中华儿女。每一个姓氏背后都包含着很多故事，蕴藏着一段传奇。冰心老人曾说："青年人，珍重的描写罢，时间正翻着书页，请你着笔！"同学们，读过本书之后，也请你拿起手中的笔，来书写属于你的姓氏故事、家族传奇吧！

1. 赵括纸上谈兵

前260年，秦军进犯赵国。当时赵国名将赵奢已死，蔺相如病重，老将廉颇便临危受命，率军迎敌。开始阶段，赵军接连失利。廉颇遂改变战略方针，命令士兵在长平（今山西高平长平村）筑垒固守，以逸待劳，最终与秦军形成对峙局面。秦国见一时无法取胜，就派间谍悄悄潜入赵国，并散布流言说："廉颇惧怕秦兵，很快就要投降了。秦国谁都不怕，只怕年富力强的赵括做将军。"

秦人所说的赵括，是赵奢的儿子。他自幼熟读兵法，谈起用兵之道时滔滔不绝，连父亲都驳不倒他。时间久了，就变得狂妄自负，认为全天下都没有他的对手。知子莫如父，赵奢很不喜欢儿子的夸夸其谈，常常为儿子的前途、国家的命运而深深担忧，他对妻子说：

蔺相如抱病上朝，劝说赵王不要任用赵括，但赵王没有听从。

"用兵打仗，是关乎国家生死存亡的大事，赵括却把它看得太容易、太随便了。日后赵国不让他为将便罢，如果一定让他为将，那么肯定会因为他而吃大亏。"

赵王正在为战局不顺而闷闷不乐，却听到身边人都在议论赵括比他父亲更厉害的事，便信以为真。于是拜赵括为大将军，让他去接替廉颇。得知这一消息，蔺相如立即抱病上朝，劝阻赵王："大王仅凭名声来任用赵括，就好像用胶把弦柱粘牢以后再去弹瑟一样。赵括只会读他父亲留下的兵书，不懂得灵活应变，不能派他做大将。"可是赵王对蔺相如的劝告听不进去，坚持派赵括带兵出征。

等到赵括将要起程的时候，他的母亲又求见赵王说："恳请大王，不要让赵括做将军。"赵王问道："为什么？"赵母回答说："当初赵括的父亲做将军时，礼贤下士，宾客盈门，把所有的赏赐全都分给军吏和僚属；从接受军命之日起，就不再过问家事。现在赵括刚刚当上将军，便趾高气扬，目空一切，大王赏赐的金帛都带回家珍藏起来；只要看到价格便宜的田地住宅，能买的就尽量买下来。大王，您看赵括有哪一点像他父亲？父子二人的思想境界、处事作风完全不同，所以恳请大王收回成命。"赵王依然故我，拒绝了赵母的请求。赵母接着又说："大王既然决定派赵括带兵，万一他有不称职的情况，我能请求不受株连吗？"这一次，赵王倒爽快地答应了。

赵括代替廉颇之后，完全改变了原有的作战方针，随意撤换将官，全军上下顿时人心涣散。秦将白起得知这些情况，便调遣奇兵，假装败逃，赵括不知是计，拼命追赶。白起把赵军引到预先埋伏好的地区，派出精兵两万多人，切断赵军的后路；另派五千骑兵，直冲赵军大营，把赵国军队截成两段。赵括被迫就地建造壁垒，固守待援。这时，秦国又发兵拦截赵国援军，切断他们的运粮道路。赵军被秦军围困四十多天，将士都叫苦连天，无心恋战。赵括只好亲率精锐部队强行突围，结果被秦军乱箭射死。四十万赵国大军被迫投降,多数将士被秦军坑杀。从此以后赵国元气大伤,一蹶不振。

赵括因断送四十万将士性命和赵国前途而沦为千古笑柄,这个典故后来演变为成语"纸上谈兵",用来比喻空谈理论,不能解决实际问题。值得一提的是,战国时期并没有纸张,"纸上谈兵"一词应是由后人提出的,但用在赵括身上是再恰切不过了,所以一直流传到今天。

赵 钱 孙 李

◎ 姓氏起源

赵姓,出自嬴(yíng)姓,与秦国嬴姓同祖。伯益是皋陶(gāo yáo)的儿子,东夷族首领,因辅佐大禹治水有功,被赐为嬴姓。现在廉、徐、江、秦、赵、黄、梁、马、葛、谷、缪、锺、费、瞿、裴等汉族姓氏成员大多为其后裔。伯益十三世孙造父,是西周时驾驭马车的能手,曾在桃林一带得到八匹骏马,献给周穆王。穆王让造父驾车,西行至昆仑山,见西王母,乐而忘归,后来得到徐偃王造反的消息,造父驾车日驰千里,使周穆王及时发兵攻打徐偃王,平定了叛乱。由于造父立了大功,穆王便把赵城(今山西洪洞北)赐给他,由此为赵氏。造父后裔叔带,因周幽王无道,离开周王室到晋国,为

伯益像。嬴姓支脉众多,有嬴姓十四氏之说,数十个姓氏都奉伯益为始祖。

晋文侯驾车，从此赵氏子孙世代为晋国大夫。到战国初年，叔带的十二世孙赵襄子联合魏氏、韩氏三家分晋，建立赵国。至他的孙子赵烈侯（赵籍）时，正式获得了周威烈王的承认，与韩、魏两家并列为诸侯。前222年，赵国为秦国所灭，其王室贵族和平民百姓便以国名为姓，称赵姓。

知识拓展

姓是姓，氏是氏（上）

在日常生活中，我们经常可以看到"按姓氏笔画为序"的说法，这表明姓氏已成为一个不可分割的整体。然而，在距今数千年前的先秦时期，姓是姓，氏是氏，它们是含义不同、各有所指的两个概念，根本不是一码事。

姓的起源比较古老，可以追溯到原始社会母系氏族时期。由于当时的子女"只知其母，不知其父"，所以同一个姓是代表同一个母系的血缘关系的氏族符号，即一个氏族的所有成员都出自一个母系祖先。当时姓的主要作用是便利婚配往来，同姓氏族内部禁婚，异姓氏族之间可以通婚。同时也便于鉴别子孙后代的归属，子女归母亲一方，以母亲的姓为姓。

从造字方法看，"姓"为会意字，是"女""生"二字的组合，即女子所生为姓，因生而为姓。中国最古老的姓为"上古八姓"，即姬、姜、姚、嬴、姒（sì）、妘（yún）、妫（guī）、姞（jí），都从"女"旁，表示这是一些不同的女性始祖传下的氏族人群。中国如今的大多数姓氏，都是由这上古八姓演化而来的。

相对于姓来说，氏是晚起的，它的形成与姓有着密切的关系。这是因为同一母系血统的氏族子孙繁衍、壮大，就会分成若干个支族迁往各地。这些支族在获得新的居住地之外，还得到一种与地域有联系的新标志——氏，作为区别于他支的符号。一个氏族分成多少个支族，就有多少个氏。这样一来，姓就成为源出母族的标识，氏则成为新兴支族的称号。由此不难看出，姓是氏来源的根本，氏为姓衍生的分支。

因此可以说，姓是先出现的，氏是后出现的；姓是不变的，氏是可变的；姓区别血统，氏区别子孙。这就是姓与氏的根本区别。

2. 周兴"请君入瓮"

武则天是中国历史上唯一的女皇帝。为了维护自己的统治,她任用了一大批酷吏,采用严刑峻法消除异己。这些官吏往往法外立刑,编织各种罪状,制造了许多冤假错案,杀害了许多正直无辜的官员。当时朝中官员人人自危,每次入朝,即与家人洒泪作别:"不知道还能不能活着回来。"

在当时的众多酷吏中,周兴、来俊臣是最厉害的两个角色。只要他们想陷害谁,就派人在几个地方同时告发,捏造的证据也完全相同,用来迷惑朝野上下。来俊臣还专门编写了一本《罗织经》,教给自己的属下罗织罪名,陷害朝中官员。周兴等人为了逼供,还发明了种种骇人听闻的刑罚手段,名目繁多,仅大号枷具就有"定百脉""喘不得""求即死""求破家"等十种名号。每当审问犯人的时候,就在犯人面前陈列各种刑具,犯人一看马上不寒而栗,即使无罪也会被迫招认。

据说,周兴曾经冤杀了千人,来俊臣也灭了一千多家,老百姓对他们恨之入骨。武则天看到民怨沸腾,担心会动摇自己的统治,就想杀几个酷吏作为替罪羊,来缓

武则天像

和一下紧张的局势。恰在此时，武则天接到一封告密信，告发周兴与人联合谋反。武则天便派来俊臣去审理这桩案件，并且定下审案的期限。来俊臣和周兴平时交往很密切，知道狡猾奸诈的周兴会死不认罪，对审问周兴一事感到非常棘手。他苦苦思索半天，终于想出一条计策。

这天，来俊臣准备了一桌丰盛的酒席，把周兴请到家里喝酒。两人推杯换盏，边吃边聊。酒过三巡，来俊臣便装出满脸愁容，向周兴"请教"："有些囚犯再三审问都不肯承认罪行，您看有什么办法能让他们招供呢？"周兴捻着胡须，慢条斯理地说："这还不容易！我最近就想出了一个新方法：你找一个大瓮，四周用炭火烤热。犯人不肯招供，就把他放进大瓮里。什么样的罪他敢不认呢？"

来俊臣听了，连连点头称是。他立即吩咐手下抬来一口大瓮，按照周兴刚才所说的方法，用炭火把大瓮烧得通红。周兴感到很奇怪，这时来俊臣站起身来，把脸一沉，拿出一道圣旨，对周兴说："小弟接到圣旨，有人告发老兄谋反。如果您还不老老实实招供的话，那么就只好请老兄自己钻进这个瓮里去了！"

周兴听后，知道自己这次是在劫难逃了。他扑通一声跪倒在地，连连磕头求饶，表示愿意认罪服法。按照规定，周兴应当被判处死刑。武则天念他曾为自己出过力，便从轻发落，将周兴改判为流放岭南（今广东、广西一带）。天授二年（691年）二月，周兴在赴岭南的路

来俊臣审问周兴。

上被仇家所杀。而来俊臣的下场同样悲惨。后来，来俊臣得罪了武氏诸王和太平公主，并最终被处死。

唐代文人张鷟（zhuó）在目睹了周兴、来俊臣这些酷吏的下场后，曾讲了一个意味深长的寓言故事。故事是这样的：从前有一只狮子在山上称王，一天在深山中抓到一只豺狼，准备吃掉它。豺狼说："我将为大王您每月送来两只鹿来赎回我的小命。"狮子王很高兴。一年之后，鹿都被吃光了，豺狼没有什么可送的了。狮子遇到豺狼，就对它说："你杀害的生灵太多了，今天该轮到你了。你还是考虑一下怎么办吧！"豺狼无言以对，然后就被狮子吃掉了。张鷟最后感慨说，周兴、来俊臣这些人，和这只豺狼又有什么区别呢！

zhōu wú zhèng wáng
周 吴 郑 王

◎ 姓氏起源

周姓历史悠久，最主要的几支均出自姬姓，是周朝王室的后代。周人始祖后稷的裔孙古公亶（dǎn）父，率领姬姓部族迁至周原（今陕西岐山），从此称为周族。他的曾孙周武王姬发，攻灭殷商，建立周朝。传至周赧（nǎn）王姬延执政时，于前256年被秦国所灭。周室王族沦为平民，遂以国名"周"为姓，其中就有周平王、周赧王及周公旦等人的后裔。另有一支则属于以避讳改姓。先天元年（712年），唐玄宗李隆基继承皇位，由于"姬"与"基"同音，为了避李隆基的名讳，大量的姬姓者被迫改为周姓。所以，民间一直流传着"姬周一家""姬周不分"的说法。在山东，特别是在鲁西南地区，姬、周两姓的关系非常密切，至今还使用统一的排行辈分。

知识拓展

姓是姓，氏是氏（下）

进入夏、商、周三代，姓与氏除了保留原有的区别外，其各自功能又有了新的变化。夏、商两代均在不同程度上实行分封制度，西周时期更为健全、完善。天子分封有功德的人为诸侯，根据他们始祖的出生情况即血缘关系而赐姓，再根据封给他们土地而命氏，这些诸侯即以国为氏。各诸侯国又以同样的方法，分封采邑给国内的卿大夫，这些卿大夫即以邑为氏。这种以封地而命氏的方式，促进了氏的迅速发展，这一时期氏的数量大大超过了姓的数量。

在分封制下，能够以封地命氏的都是诸侯、大夫这样的贵族，于是，氏便成为贵族地位的标志。由于先秦时期等级制度严格，氏又是贵族才有权使用的尊号，于是出现了"贵者有氏，贱者无氏"的现象，氏也相应地承担起区分社会身份贵贱的作用。当时的贵族男子只称氏而不称姓，如诗人屈原系楚国王族，为芈（mǐ）姓，因其先祖瑕的封地在屈而称屈氏。至于那些没有氏的平民百姓，则以体现其生存状态的职业相称呼，如弈秋、庖丁、匠石、优孟等。值得一提的是，这些职业名后来也演变为姓，只不过在当时还是通称。

与男子称氏不同，女子则称姓。夏、商、周三代，严格实行"同姓不婚"的制度。氏同姓不同的，可以通婚；姓同氏不同的，则不可以通婚，即使血缘关系再远也不行。为了区别男女姓的异同，从而决定嫁娶与否，在女子称谓中标明姓就是非常必要的了。

因此，女子在出嫁时都要用姓标示血统，多是在姓之前冠以孟、仲、叔、季等排行。女子出嫁后，可以在自己的姓前冠以出嫁前的本国国名；嫁给别国的国君，也可以在姓前冠以夫君受封的国名，嫁给别国的卿大夫，则在姓前冠以夫君的氏或邑名；还有死后在姓前冠以夫君或本人谥（shì）号的。比如鲁庄公的女儿杞伯姬，"杞"表示她嫁到杞国，"伯"说明她在自家姐妹中排行老大，"姬"则代表她的娘家鲁国是姬姓。

　　因此可以说，女子称姓，姓别婚姻，世代不变；男子称氏，氏明贵贱，随时更移。这就是姓与氏在夏、商、周三代的根本区别。到了秦代，随着郡县制的实行，分宗命氏的基础不复存在，姓与氏的界限已逐渐模糊。西汉时期，姓氏完全合二为一，或言姓，或言氏，姓即氏，氏即姓，成为表明个人及其家族的符号。这也就是我们今天所理解的姓氏含义。

3. 吴隐之笑酌贪泉

吴隐之（？—414），字处默，濮阳鄄城（juàn chéng，今山东鄄城）人。史家评价他是"晋代良能，此焉为最"，意思是综合贤良、才能两方面来衡量，在所有东晋官员中，吴隐之是最为突出的。

吴隐之因做官清廉而受到朝廷重用，他身居高官显职，却始终保持着勤俭持家的美德。他把所有的俸禄赏赐都用来救济穷苦的亲友和乡邻，自己家中则是一贫如洗。他的妻子每天都要为柴米油盐精打细算，白天打柴做饭，晚上纺线织布。吴隐之出门没有车子，冬天没有被子，吃饭不见油星。有一次，吴隐之洗了棉衣没有干，因为没有替换衣服，只好披上棉絮来御寒。

吴隐之平时不仅生活节俭，即使家里有婚丧嫁娶这样的大事，也是一样厉行节约。这一天，吴隐之的女儿要出嫁，卫将军谢石知道他一向清贫，于是特地派家人带着厨子和物品，到他家帮忙置办酒席。

吴隐之笑酌贪泉。

当一行人来到吴家门口时,却见门前冷落,连一点喜庆的动静都没有。正要进去探问究竟,就看到吴家的丫鬟牵着一条狗往外走。一打听才知道,吴隐之连嫁女儿的钱都没有,不得不把看家狗卖掉,换回几个钱来操办婚事。除此之外,吴隐之什么也没有准备。这就是吴隐之卖犬嫁女的故事。

晋安帝隆安三年(399年),吴隐之升任广州刺史。当时的广州地区倚山靠海,是出产奇珍异宝的地方。据说只要从广州带回一小箱珠宝,好几辈子都享用不尽。因此以往的刺史无不贪赃枉法,官场腐败成风。朝廷决心革除当地的弊政,就想到了清正廉洁的吴隐之。

吴隐之走马上任,途经石门休息。石门距离广州治所二十里,有一泓清澈的泉水,名字却叫"贪泉"。据说不管谁喝了这些泉水,都会变得贪得无厌。吴隐之认为,一个人能否保持清廉自律,关键在于自身的道德修养,而不能归咎于外在环境和客观条件。因此,虽然大家都说贪泉饮不得,吴隐之却偏不信这个邪。他信步来到水边,笑酌贪泉,一饮而尽,并赋诗言志:"古人云此水,一歃(shà,饮)怀千金。试使夷齐饮,终当不易心。"这就是著名的《酌贪泉》,大意是:古人说只要喝了这泉水,就会贪财爱宝;假若让伯夷、叔齐那样品行高洁的人喝了,终究也不会改变本心。后来,人们为了纪念吴隐之,特地在石门立起一块"贪泉"碑,并将他那首《酌贪泉》刻在石碑上。

石门"贪泉"碑。

贪泉非但没有使吴隐之变得贪婪,反而更加鞭策他守住底线。在广州刺史任上,他始终保持着廉洁的操守,以身作则,改变了广州官场的风气,也使岭南习俗日趋淳朴。任职期满乘船返回时,他的行囊中没有多余的资产。妻子趁他不注意,偷偷携带了一斤沉香。吴隐之发现后,非常生气,愤然将沉香投入江中。后人便把石门下游的一处沙洲称为"沉香浦",又称"沉香洲",如今它仍然位于广州流溪河下游,这体现了当地人对吴隐之廉洁品行的赞颂。

周吴郑王
zhōu wú zhèng wáng

◎ **姓氏起源**

吴氏的主要一支出自姬姓。周太王古公亶(dǎn)父有三个儿子,长子泰伯,次子仲雍,三子季历。三子季历不仅贤明,还生了一个德才出众的儿子姬昌(即后来的周文王)。太王想立季历为继承人,以便能把王位传给孙子姬昌。泰伯、仲雍知道父亲的心意后,便主动让贤,季历顺利继承了王位。泰伯、仲雍出奔到尚未开化的江南,先后被当地人推举为首领,建立句(gōu)吴国,以梅里(今江苏无锡一带)为都城。商朝灭亡,周朝建立,周武王封仲雍的三世孙周章为诸侯,改国号为吴。吴国传至夫差时,被越王勾践所灭。其王族子孙就以国名"吴"为姓,并尊奉泰伯为吴氏始祖。

泰伯三让天下,可谓至德。《史记》将《吴太伯世家》排在世家之首。

知识拓展

名是名,字是字(上)

每个人都有一个属于自己的姓名。如果说,姓氏是标示一个人的家族血缘关系的符号的话,那么,名字则是一个人在社会交际中的特定名称符号。不过,现在人们所说的名字通常是指一个人的名,基本上"名"存"字"亡了。这与古代所说的名字不同,古人的"名"和"字"就像"姓"和"氏"一样,是分开使用的,均为一个人的称号。这种名、字双轨制早在周朝就已经形成了。

古人出生三月即可命名,取字则要等到成人之后。这与古时的冠礼密切相关。冠礼,又称加冠,既是古代男子的成人礼,也是他们人生中的第二次命名礼(即称字礼)。因此,冠礼比命名礼更为庄重、复杂。加冠仪式在宗庙里举行,由父亲或兄长主持。此前,要通过占卜选定良辰吉日和负责加冠的嘉宾。冠礼进行时,嘉宾负责给冠者加冠三次,每加一次冠,嘉宾都要对冠者致辞祝贺。三次加冠,一次比一次加的冠尊贵,这是启发冠者要立志向上。

三次加冠后,嘉宾为冠者正式命字,并致辞说:"礼仪已行齐备,在这良月吉日,宣告你的表字。表字十分美好,正与俊士相配。取字以适宜为大,禀受永远保有它。"冠者应答,表示感谢。接着,冠者依次拜见母亲、兄弟、姐妹等。最后,主人向嘉宾敬酒,赠送礼品,冠礼告成。行过冠礼以后,对冠

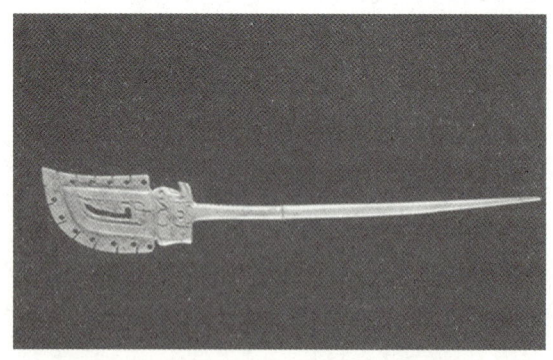

商代妇好墓夔首骨笄,妇好是武丁的王后。

者要称字而不称名,因为他已经是成年人了。冠礼通常在二十岁时举行,所以"弱冠之年"就成了男子二十岁的代称。

古代女子也有成人礼,叫"笄(jī)礼",又称加笄。笄,即簪(zān)子。行笄礼时要改变女子幼年时的发式,把头发绾成一个髻(jì),然后用一块黑布把发髻包住,随即以笄插定发髻。主行笄礼者为女性家长,负责加笄的是女宾,表示女子成年可以结婚。笄礼一般在十五岁时举行,所以"及笄之年"就成了女子十五岁的代称。《礼记·曲礼上》说:"女子许嫁,笄而字。"行笄礼时,也要为女子取字,主要是用于成年之后的婚姻媒聘。后世遂把没有许嫁或尚未成年的姑娘称为"未字""待字",已经定亲的称为"已字"。女子的字几乎是专为定亲而取,出嫁之后就很少使用了。

4. 杨震暮夜却金

杨震（？—124），字伯起，弘农华阴（今陕西潼关）人。杨震的父亲名叫杨宝，他就是"黄雀衔环"典故的主人公。相传杨宝曾救下一只黄雀，黄雀为报答救命之恩，曾衔来四枚玉环赠给杨宝说："愿您的子孙世代清白，官至三公，犹如这些玉环。"后来杨震、杨秉、杨赐、杨彪四代，果然都位列太尉，清白传家。

杨震五十岁时才踏入仕途，后来升任荆州刺史、东莱（今山东莱州）太守。在任荆州刺史时，杨震发现秀才王密才华出众，便向朝廷举荐王密任昌邑（今山东金乡）县令。后来杨震调任东莱太守，途经昌邑。王密一心想报答杨震的知遇之恩，到了晚上，便独自一人前去拜会杨震。两人聊得非常投机，不知不觉已是深夜。王密准备起身告辞，突然从怀中捧出十斤黄金，献给杨震。杨震婉言推辞道："我了解你，你不了解我，为什么呢？"王密以为杨震怕被人知道，所以不肯接受，连忙说："深更半夜的，没有人会知道。"杨震正色道："你这是什么话！天知道，神知道，我知道，你知道。怎么能说没有人知道呢？"王密十分羞愧，只好带着金子离开了。杨震"暮夜却金"的故事，万古流芳，因此大家都称他是"四知先生"。杨氏后人为了纪念先祖的清正德操，纷纷以"四知堂"作为堂号。

杨震像

陕西潼关杨震廉政教育基地四知堂外景

杨震为官清正廉明,从不接受别人的私下请托。子孙们与老百姓一样,常吃素食,出门步行,生活十分简朴。有些亲朋好友见他官做得这么大,家里还是那样穷,就劝他为子孙置办一些产业,他说:"让后世的人称他们是清白官吏的子孙,把这个馈赠给后代,不也是很丰厚吗?"杨震的清廉自律确实给后代树立了榜样,子孙们也自觉秉持了"清白传家"的优良家风,号称"四世清德"。他的儿子杨秉即以节操淳白著称于世,杨秉曾经很从容地说:"我有三不惑:酒、色、财。"

杨震由于公正廉直、疾恶如仇,遭到朝中权贵陷害,遂饮毒酒自尽。临死前,他对儿孙们慷慨陈词说:"死,是士人寻常本分之事。我承蒙皇上厚爱,身居高位,憎恨奸臣狡猾而不能惩处,厌恶外戚作乱而不能禁止,还有什么面目活于人世!我死之后,用杂木做棺材,以粗布做寿衣。既不要埋葬在祖坟,也不要设祠祭祀。"一年之后,朝廷为杨震平反昭雪,举行隆重的葬礼。下葬前,有一只一丈多高的大鸟飞到他的灵前,俯仰悲鸣,泪流湿地,葬礼完毕才飞去。于是人们在杨震的墓前立了一尊高高的石鸟像,来纪念这位清正廉明的官员。

蒋 沈 韩 杨
jiǎng shěn hán yáng

◎ **姓氏起源**

杨姓出自姬姓，有两个来源。一是源于晋地之杨国（今山西洪洞东南）。西周初年，周公灭唐（今山西翼城西）后，把唐地封给周成王的弟弟叔虞，称为唐叔虞。唐叔虞的儿子燮（xiè）继位以后，因唐地南有晋水，就改称晋侯。唐叔虞遂成为周代晋国的始祖。至春秋时，晋献公相继灭掉杨国等周围小国，封其二弟伯侨于杨，伯侨的后代就以封地名"杨"作为姓氏。二是源于晋地之扬邑（今湖北襄阳一带）。周宣王的儿子尚父，封于扬，号扬侯，建扬国。春秋时，扬国为晋国所灭，古代"扬""杨"通用，尚父的后裔也以"杨"为姓。

知识拓展

《三国演义》中，周瑜临终前仰天长叹曰："既生瑜，何生亮！"

名是名，字是字（下）

通过前面的讲述，我们知道了古人有名，也有字。那么，字与名有关系吗？答案是有关系，而且关系还相当密切。由于古人是先起名后取字，因此通常都是遵照"字依乎名""字以表德"的原则，从"名"的含义中来衍生出"字"。为了体现出字与名的这种关联，古人也采取了多种多样的方法。比如名和字含义相同、相近、相左、相反，或者相互补充、相互引申。

　　名与字意思相同、相近，能够互作解释，可称为"同义互训"。如足智多谋的诸葛亮字孔明，"亮"与"明"可以相互注释；雄姿英发的周瑜字公瑾，"瑜"和"瑾"均为美玉，意义相近。名与字意思相左、相反，各从反面作解，可称为"反义相对"。如孔子的弟子曾点字子皙，"点"为小黑，"皙"为色白；南宋理学家朱熹字元晦，"熹"明"晦"暗，其义相反。名与字含义由此及彼，意蕴递进，可称为"连义推想"。如宋代词人刘过字改之，"有过则改之"，此为因果联想；明代才子唐寅字伯虎，十二地支中的寅与十二生肖中的虎是固定搭配，此为引申联想。此外，还有借用典故、同类而及、嵌入排行等各种方式，不再举例说明了。不过，仅从以上三类即可看出，"字"往往是"名"的解释和补充，与"名"遥相呼应，互为表里，故字又称作"表字"。所以，《白虎通·姓名》曾说："闻名即知其字，闻字即知其名。"

　　名和字的区别又表现在哪里呢？概括地说，两者在各自承担的社会功能上有着根本的不同。名是一个人成年之前的称呼，主要是为了分别彼此。当这个人步入成年之后，由家中长辈所起的、被长辈多年来所称呼的"名"，就不便于在公共场合使用，必须要重新寻找一个可以让同辈或晚辈称呼的符号。取字，正是为了解决这一问题，也在一定程度上解决了这一问题。

　　从总体上看，古人是按照交往双方地位的尊卑贵贱，来决定用名还是用字的。一般而言，被人称名，是表示自己比对方卑贱；被人称字，则表示自己比对方尊贵。在同辈之间，称呼其字，是表示尊重对方；如果直呼其名，则是一种不礼貌的行为。这也就是古人所说的："名者，己之所以事尊，尊者之所以命己；字则己之所以接卑，卑者之所以称己。"到了这一步，名和字几乎成为社会交往中地位尊卑的符号了。

　　不过，在什么场合下称名，在什么场合下称字，还要视具体情况而定。像君对臣、父对子、师对生、上对下、长对幼，可以称呼对方的名，这不成问题。起初，后者也可以称呼前者的字。但到封建社会后期，就不能再以表字称呼尊长，君、父的表字更是不许挂在嘴边，否则就是失礼。反过来，如果尊者、长者对卑者、幼者用表字相称，那是表示优待有加。所以说，名与字像姓与氏一样，也体现出尊卑有别、长幼有序的伦理观念。

5. 张世杰厓山海战

南宋祥兴二年二月初六（1279年3月19日），南宋军队与元朝军队在厓山（yá shān，今广东新会南）海面上展开了最后的决战。这场惨烈的海战已经持续了二十余天。

这年正月，蒙古汉军都元帅张弘范统率大军，紧紧追击转移到厓山的南宋赵昺（bǐng）君臣，企图一举消灭南宋残余抵抗势力。与之对阵的宋军统帅是太傅张世杰（？—1279），他年轻时曾在张弘范的父亲张柔手下当过兵，因为触犯了军纪，遂从元军投奔了南宋。这时宋军中有人建议应该先占领海湾出口，即使不胜，也有回旋余地，可以率兵向西边撤退。

张世杰深知军队久居海上，人心不稳，一旦调动，势必溃散，便慷慨激昂地说："我军连年在海上疲于奔命，不知道何日才是尽头。不如趁此时机与元军一决胜负。"随后毅然下令焚烧陆地上的营房、据点，全部人马都登上战船。张世杰命人将一千多艘战船用粗大的绳索连在一起，排成一字阵，又在四面修建起高大的城楼，就像陆地上的堡垒一样。幼帝赵昺的座船安置在船队中间，由左丞相陆秀夫负责守护。

张弘范先派水师封锁住海湾出口，又派士兵切断宋军运

张世杰像

输淡水、粮食的通道。他发现宋朝战船连在一起，机动性不强，就用小船载着膏油柴草，乘风纵火冲向宋船。张世杰早有防备，事先已在战船四周涂抹了厚厚的湿泥，还绑着一根根长长的木头，元军的火船根本无法靠近。但是宋军已陷入孤立无援的境地，一连十多天只能饮海水解渴，结果上吐下泻，战斗力被严重削弱。这时，又有一支元军赶来增援，张弘范觉得发动总攻的时机已经到了。

在二月初六这天，阴云密布，山呼海啸。张弘范将元军精锐分成四路，向宋军展开猛攻。张世杰率领将士顽强抵抗，几经厮杀，未分胜负。到了中午，元军趁着潮水上涨的机会，从南北两面同时冲杀过来，宋军腹背受敌，伤亡惨重。战斗从黎明一直进行到黄昏，崖山的海面上，波涛澎湃，炮火轰鸣。宋军渐渐抵挡不住元兵的凌厉攻势，阵脚大乱，全线溃败。张世杰见状，知道大势已去，他一面指挥精兵集中在中军，一面派人驾驶小船，前去接应赵昺，组织突围。

当时已是黄昏时分，风雨交加，浓雾弥漫，一片漆黑。混乱中，陆秀夫对张世杰派来接应赵昺的小船，分不清是真是假，害怕有人乘机向元军卖主求荣，就拒绝了来者的请求。他又担心幼帝突围不成反被元军俘获，使大宋王朝再蒙耻辱，于是他转过头对赵昺说："国事已经如此，陛下当为国死，千万不可重蹈德祐皇帝（宋恭帝）的覆辙。"说完就毅然背起八岁的赵昺，一起投入了大海，顿时淹没在滚滚的波涛中。船上的嫔妃、宫女、大臣、家眷等，也纷纷蹈海自尽，壮烈殉国。几天之后，崖山海面浮出的尸体有十余万，山河为之变色。

张世杰没有接到赵昺，知道已是凶多

陆秀夫背起幼帝赵昺，投海殉国。

吉少，只好指挥战船突围，撤退到南恩（今广东阳江）的海陵山脚下。当他获知幼帝殉难的消息后，悲痛欲绝。这时，海面上又刮起了猛烈的飓（jù）风，将士们都劝张世杰登岸避风。张世杰不肯上岸，而是步履沉重地登上舵楼，向苍天焚香祈祷说："我为大宋江山可谓鞠躬尽瘁了。一君身亡，复立一君，如今又亡。我先前之所以没有殉国，是希望元军撤退后能卷土重来，再立新君。如今形势竟然如此，难道是天意吗？"此时，海上的风浪越来越大，宋军的战船突然倾覆沉没。张世杰这位誓死抵抗的爱国将领，最终未能实现收复国土的夙愿，饮恨葬身于大海之中，滚滚波涛又接纳了一位英魂。

厓山之战以南宋军队的彻底失败而告终，也宣告了历时320年的宋朝的最终灭亡。但是以张世杰、陆秀夫、文天祥为代表的"宋末三杰"，却能"捐躯赴国难，视死忽如归"，在生命的最后时刻迸发出最为耀眼的光芒。他们身上所体现出的坚定信念、英勇气概和爱国精神，不会因一个王朝的覆灭而黯淡失色。

hé lǚ shī zhāng
何 吕 施 张

◎ **姓氏起源**

张姓的来源主要有两个。一是出自姬姓，属于以官职为姓。黄帝和元妃嫘（léi）祖生子名挚，又称少昊（少皞）。少昊以金德治天下，故称金天氏；又因立国于青阳，故称青阳氏，建都曲阜。少昊第五子名挥，为弓正之官，曾夜观弧星。弧星即弧矢九星，在天狼星东南方向，其中八星如弓，一星如矢，很

弓长张确实与弓有关。

像上弦的弓箭形状。挥受到弧星的启发，创制弓矢。弓正官亦称弓长，后以官名二字合一，赐姓为"张"。二也是出自姬姓，属于以先祖的字为姓。春秋时，晋国有大夫解张，字张侯，其子孙便以祖字"张"作为自己的姓氏，从此张氏世代在晋国做官。前403年，韩、赵、魏三家瓜分晋国，张姓也随之分布于这三个诸侯国，即今天华北的广大地区。

知识拓展

张王李赵遍地刘

说起人口众多的大姓，民间素有"张王李赵遍地刘"的说法。此处的"刘"与"流"谐音，因而，这句话也可以理解为张、王、李、赵、刘五姓"遍地流"，到处都是，不计其数。

确实如此，无论在历史上，还是在当今社会，这五大姓都是人多势众，影响很大。据2016年国务院人口普查办公室公布的姓氏人口数目，五姓合计约占全国人口总数的30%。

那么，为什么这五大姓人口会如此众多呢？

首先，五大姓氏起源很早，都可追溯到夏、商、周三代，乃至更早的远古传说时代。如李姓源于东夷部族首领皋陶（gāo yáo），他在尧舜时期曾担任掌管刑法的"理官"，其后代便以他的官职名"理"为氏。商朝末年，皋陶后裔理徵，因直言进谏得罪商纣王，惨遭处死，其妻契和氏带着儿子利贞逃难，因采食李子充饥，才得以活命，因"理""李"二字古时相通，于是改理氏为李氏。王姓不仅起源很早，而且源头很多。在夏、商、周三代，凡是天子的后代多有以此为姓者。商纣王的叔父比干因多次犯颜直谏，最终被剖心而死，他的后代即以王为姓。周灵王的太子王子晋因直谏而被废为庶民，迁居琅琊，他的后人也以王为姓，这支姬姓王氏至少有 2 600 年的历史。五大姓氏起源很早，保证了他们有足够长的时间来繁衍生息。

其次，五大姓氏都有很长时间的黄金发展期。众所周知，刘汉、李唐、赵宋都是封建社会极为繁盛富庶的王朝。特别重要的是，三个王朝统治的时间都很长，西汉、东汉加起来长达 405 年，北宋、南宋合计有 320 年，唐朝也持续了 289 年。除此之外，刘姓、李姓还建立了一些王朝政权，如蜀汉、刘宋、后汉、北汉、南汉等，西凉、后唐、南唐等。所以民间有"文刀木子帝王姓"的说法，"文刀"即刘姓，"木子"即李姓。这些皇族宗室享有很多特权，占有很多社会资源，封王封侯，免役免税，因此皇姓的子孙繁衍既快又多。

王姓只建立了短暂的王莽新朝和闽、蜀等地方政权，为什么人口也这么多呢？那是因为王姓来源广泛，凡一朝一代一国一地之主，皆可称"王"，其后代在改朝换代之后也常以"王"为姓，新鲜血液源源不断。再者王姓望族众多，历史上共有二十四个郡望，遍及华夏各地，有的望族势力庞大，声名显赫。如琅琊王氏是魏晋南朝时期最为显赫的门阀士族，曾一度掌控了东晋王朝，史称"王与马共天下"。到了唐代，太原王氏又被列为五姓七族，成为当时极为尊贵的高门大族之一。张姓的情况与王姓类似，其望族更是达到惊人的四十三个，这是其他姓氏所无法比拟的。因此，这两个姓氏也是人丁兴旺，越传越多。

再次，五大姓氏中赐姓多，改姓多，少数民族从附姓多。西汉初年，齐国人娄敬曾向汉高祖献策定都长安，被赐姓为刘，遂改为刘敬；项伯在鸿门宴上对刘邦有救命之恩，也被赐为刘姓。他们的后代均沿袭未改，成为刘姓的两支。三国时，蜀汉大将刘封原姓寇，系刘备义子，后改为刘姓。曹魏大将张辽本姓聂，因躲避仇怨而改姓为张。世居云南的南蛮酋长龙佑那，被蜀相诸葛亮赐姓张，其子孙便以张为姓。唐朝初年，徐、邴、安、杜、胡、弘、郭、麻、鲜于、张、阿布、阿跌、舍利、董、罗、朱邪（yé）共十六姓，皆以立功被赐国姓李姓，其中有不少都是少数民族将领。这就进一步扩充了五姓的势力,其人口基数也越来越大。

五大姓氏的迅速发展,也引起了一些人的侧目。元顺帝至元三年(1337年),权势倾天的丞相伯颜提出建议,要杀光张、王、刘、李、赵五姓汉人,尽管元顺帝对他一向言听计从,这一次却没有同意,这五大姓氏才得以逃过一场空前浩劫。这也算得上是元顺帝的一桩惠政吧。否则,"张王李赵遍地刘,世世代代传不休"只能是流为空谈了。

6. 孔融末世悲情

孔融（153—208）在历史上是个知名度很高的人物。蒙学经典《三字经》中所说的"融四岁，能让梨"，赞扬的就是他的孝悌品质。不过，孔融一生中最光彩荣耀的事，不是让梨，而是争死。事情是这样的：孔融的兄长孔褒与东汉名士张俭是好友，张俭因为弹劾宦官侯览而获罪，被迫四处逃亡，这一次便投奔到孔褒这里。孔褒恰巧有事外出，年仅十六岁的孔融出面接待了他，张俭见孔融还是个孩子，就没有说明来意（这就是谭嗣同《狱中题壁》中提到的"望门投止思张俭"）。孔融看到张俭满脸为难的神色，十分热情地对他说："哥哥虽然在外未归，但您是他的好友，难道我还不能做主帮助您吗？"孔融毅然收留了张俭，把他藏在家中。几天后，张俭找到机会脱身而去。

不久，此事走漏了风声，孔褒、孔融被逮捕入狱。负责审讯的官员说："你们兄弟到底是谁放走了张俭？张俭可是朝廷缉拿的要犯，放走他就是犯了死罪！"孔融为了保全哥哥的性命，便主动揽起罪责："收留张俭的是我，要治罪就治我的罪。"孔褒急忙申辩说："张俭原本就是来投奔我的，这不关弟弟的事，我心甘情愿抵罪。"两人在大堂上争来争去，官府也拿不定主意，就向他们的母亲征询意见，母亲说："一家之事本由家长做主，我是家长，罪在我身。"一门三人，争相赴死，官府不能裁决，于是向朝廷请示。汉灵帝下达诏书，最终将孔褒杀死抵罪。这件事情，使孔融的孝悌之德广为流传。

历史开了个天大的玩笑，以孝悌闻名的孔融，最终却死在不孝的罪名上。孔融之死的主要原因是触怒了当政者曹操。孔融是圣人后裔、名士领袖,自然瞧不起阉宦出身的曹阿瞒。再加上他忠心于东汉王室,对曹操的专横跋扈非常反感,于是处处和曹操作对。曹操开始还隐忍不发,但最终忍无可忍,就给孔融罗织了不忠不孝、败伦乱礼的罪名,将他逮捕处死。

据说,孔融被捕时,家里上上下下都非常惊恐。当时孔融的儿子刚满九岁,女儿仅有七岁。两个孩子还和原来一样玩游戏,没有一点害怕的神情。孔融对执行任务的使者恳求道:"我希望惩罚仅限于自己一身,能不能保全这两个孩子的性命呢?"两个孩子却说:"大人岂见覆巢之下,复有完卵乎?"意思是:父亲难道见过倾覆的鸟巢下面,还有完整不碎的鸟蛋吗?成语"覆巢无完卵"即源于此。

不一会儿,全家人都被押赴刑场。女孩神色淡然,对哥哥说:"如果人死去灵魂有知,得以见到父母,这不正是我们最大的愿望吗!"于是引颈就刑,面色不变,见者无不悲伤动容。从这两个孩子的表现上,也不难想象孔融一家父慈子孝、其乐融融的温馨氛围。

孔 曹 严 华
kǒng cáo yán huà

◎ 姓氏起源

孔姓主要有两个来源。一是出自子姓,为商朝王室后裔。周武王灭商后,封商朝宗室微子启于宋,为宋国始祖,微子启后传位于弟弟微仲衍。春秋时,宋闵公的五世孙孔父嘉,任宋国大司马,太宰华督看到孔父嘉的妻子长得漂亮,就杀害了孔父嘉,强占了他的妻子。孔父嘉的后代由宋国逃到鲁国,用"孔"字作为自己的姓氏。孔子便是孔父嘉的后代。二是出自姬姓,为郑穆公后裔。春秋时,郑国君主郑穆公姬兰有后人孔张,其子孙便以先祖名字"孔"作为姓氏,称为郑国孔氏。

知识拓展

明清时期孔氏族人为什么不能随意取名？

字辈，也称行（háng）辈、字派等，是记载家族世系人名的排行用语。家族中同一辈人为了体现宗族关系，通常在起名时需找一个共同用字；不同辈分的共同用字排列起来，就形成了这个家族用以标明世系次第的字辈。以字辈排行取名，是极具中华民族特色的习俗，至今仍有许多人沿用。其中最有代表性的是号称"天下第一家"的孔氏家族的字辈谱。

明代以前，孔氏后裔没有固定的行辈，各家取名比较随意。从孔子的第四十五代孙起，已注意到行辈的用字问题，但并不严格，同辈人多采用同一偏旁或同一字作行辈字。明代初年，朱元璋赐予孔氏后裔八个行辈用字：公、彦、承、弘、闻、贞、尚、胤。后因孔子五十六代孙孔希学与五十七代孙孔讷（字言伯）先后袭封衍圣公，就把"希"和"言"加上去，成为十个字，形成第一个十代字辈用字："希言公彦承，弘闻贞尚胤"。清代时为避雍正帝和乾隆帝名讳，将"弘"改为"宏"，"胤"改为"衍"。

明崇祯年间，这十个字已不够用，衍圣公孔胤植（孔衍植）奏请皇帝批准，形成第二个十代字辈用字："兴毓传继广，昭宪庆繁祥"。清同治年间，衍圣公孔祥珂经皇帝核准，又立十字十辈："令德维垂佑，钦绍念显扬"。1919年，衍圣公孔令贻续立二十字二十辈："建道敦安定，懋修肇彝常，裕文焕景瑞，永锡世绪昌"。以上几次规定的行辈字共计五十字五十辈，从五十六代直到一百零五代。

由于从明代开始，孔氏家族辈分用字都是奏请皇帝批准的，所以，孔氏族人不能随意取名，必须严格遵照皇帝定制的行辈来起名。凡是违背这一规定的，不准入家谱、宗谱。明清时期，入了孔氏族谱可以免交赋税，不入家谱，当然就享受不到这种优待。更重要的是，在封建社会如果一个人不能入家谱，可是莫大的耻辱。

　　明清时期，不但孔子的后裔按这一字辈谱取名，而且孟子、曾子和颜回的后裔也使用此字辈谱，唯开始时间和严格程度各有差异。因此，这四姓的族谱所排的字辈是完全一样的。故有"孔、孟、颜、曾，天下一家"的说法，他们见面互称"世亲"。同时，卜、闵、冉、有、端木等姓氏，也按照孔氏的辈分来起名。他们的先祖可分别追溯到卜商、闵子骞、冉求、有若、端木赐等，这些圣贤也都是孔子的弟子。

7. 陶侃珍惜分阴

清代文人郑板桥曾为苏州网师园的濯（zhuó）缨水阁撰写了一副对联："曾三颜四；禹寸陶分。"虽然只有简短的八个字，内涵却相当丰富。上联的典故出自《论语》，"曾三"是指曾参身体力行的"三省"："吾日三省吾身：为人谋而不忠乎？与朋友交而不信乎？传不习乎？""颜四"是指颜渊躬行不怠的"四勿"："非礼勿视，非礼勿听，非礼勿言，非礼勿动。"下联中的"禹寸"指的是大禹珍惜每一寸光阴；"陶分"则出自《晋书》，与一位东晋名将有着密切关系。

这位东晋名将就是陶侃（259—334），他是隐逸诗人陶渊明的曾祖父。陶侃本为鄱阳（今江西鄱阳）人，后来迁居到庐江寻阳（今江西九江西）。陶侃出身贫寒，在门阀士族一统天下的政治格局中，他居然能凭借个人的奋斗成为东晋的实权派，先后担任武昌太守、广州刺史、荆州刺史等，这在当时不能不说是创造了一个奇迹。

陶侃在武昌（今湖北鄂州）太守任上，闲暇之时也会和幕僚们喝喝酒、聊聊天。他每次喝酒都规定好限度，从不超量。常常是喝酒喝到兴头时，已达到规定的限度，有人劝他再略微喝一点，陶侃总是婉言拒绝。他说："我年少时曾因饮

陶侃像

陶侃斋居运甓。

酒犯下过失，母亲痛加约束，所以不敢越过限度。"当然，还有一个原因陶侃没有当场点破，那就是他反对把大好时光都浪费在吃吃喝喝上，因为还有很多有意义的事情值得去做。在政务之余，陶侃常常带领各级官吏植树造林，督导当地百姓在城中遍栽垂柳，"陶公柳""武昌柳"之名即由此而来。陶渊明一生爱柳、种柳，自号"五柳先生"，或许即是受到了先人的影响。

过了几年，陶侃受到权臣王敦的排挤，由荆州刺史调任广州刺史。那时候，广州地处偏僻，没有多少公事可办，生活很是清闲。但陶侃是一个有雄心壮志的人，就想办法自我激励。他每天早晨把一百块砖头从书房搬到房外；到了晚上，又把砖头搬进房内，放在原处。天天都是这样搬出搬进，从不间断。人们感到很奇怪，忍不住问他为什么这样做。陶侃回答说："我现在虽然身在南方，但心里总想着将来要收复中原。要是生活过分优游安逸，恐怕将来不能担当重任。所以，我每天借这个活动活动筋骨。"这就是陶侃斋居运甓（pì，砖）的故事。

王敦叛乱失败以后，东晋朝廷任命陶侃为征西大将军，把他调回荆州做刺史。陶侃事必躬亲，尽心尽力。军中、府中大大小小的事情，他都要亲自检查，没有一点空闲。招待、送行及时有序，门前没有停留、等待的人。他常常对部下说："大禹这样的圣人，尚且珍惜每一寸光阴。至于我们这些普通人，跟大禹差得很远，更应该珍惜每一分光阴。人生在世，应当积极进取、奋发有为，怎么能贪图安逸、不思进取呢？如果一个人活着对国家毫无贡献，死后也没有留下好的名声，那不是自暴自弃吗？"

　　陶侃对清谈浮华、放纵享乐的社会风气十分反感。有些幕僚、官吏喜欢饮酒赌博，荒废了正业，陶侃知道后非常生气。他命人收缴了酒器和赌具，全部扔进江中，还将那些小吏鞭打了一顿。他教育下属说："赌博这种游戏，不过是放猪的奴仆们玩的。君子应当端正衣冠，保持威仪，怎么能把饮酒赌博视为旷达呢？"打这以后，大家都勤勉于公务，不再赌博饮酒了。

　　知道了这些发生在陶侃身上的故事，是不是加深了对开头对联的理解了呢？此联确实是构思巧妙，颇具匠心。上联重在修德，省身克己正是道德养成的主要路径；下联重在勤学，惜时守阴正是学有所成的不二法门。勤学、修德的最终目的则是做一个堂堂正正的大丈夫。

金 魏 陶 姜
jīn wèi táo jiāng

◎ 姓氏起源

　　陶姓的来源主要有三个。一是出自帝尧，且有两支。一支是以邑名为姓，传说尧的最初封地在陶（今山东定陶西北），后封于唐（今河北唐县），故称陶唐氏，其后代就以封地"陶"为姓；另一支是以技艺为姓，尧担任部落首领以前，曾在陶丘居住，以制作陶器为职业，其后裔便以祖上职业"陶"为姓。二是出自帝舜。西周时，舜的裔孙虞思及其子虞阏（è）均担任陶正，即管理陶器制作的官，其后代就以此官职名为姓。三是出自成汤，成汤后裔形成的商朝七族中，有以陶冶（陶工与铸工）为职业的，其后裔便以职业名为姓。

知识拓展

以技艺为姓

原始社会末期，产生了专门的职业技艺；奴隶社会时期，农业、手工业生产技术得到进一步发展。这些专业技术生产者，当时称为"百工"。他们不仅子承父业，有时还世代相传，于是职业技艺就成为这一家族的重要标志，并成为其姓氏来源的主要依据。

《考工记》是讲述先秦时期手工艺发展状况的重要文献，它所记载的职业名称，多有称某某氏的，如筑氏、冶氏、锺氏等，足以表明姓氏与职业之间的关系。周公平定武庚叛乱后，分给伯禽带到鲁国去的有"殷民六族"，分给康叔带到卫国去的有"殷民七族"。这殷商遗民十三族，大都属于百工之列，他们各自占有一批技术奴隶，而且有世传的专门技术，后来又以技艺为姓。

一些以技艺为姓的姓氏，单从字面意义上看，便能分辨出来，如陶、渔、匠、牧、巫、卜、屠羊等；有的则需要解释一下，才能理解，如梓、伶、度、阁、甄等。《红楼梦》第一回就出现了一个名叫甄士隐（谐音

康叔像。康叔是周文王之子，后被封于卫，是卫国第一代国君。

优孟劝谏楚庄王。

"真事隐")的人,他的女儿名叫甄英莲(谐音"真应怜",即香菱),后来又出现了一个与贾宝玉有着相同外貌和相似性情的人物,叫甄宝玉。甄姓同陶姓一样是起源于技艺。甄是制作陶器时使用的转轮,古人习惯上把甄、陶连用为一词,指制作陶器,后引申为对人的陶冶和造就。不过,陶姓是出自帝尧,甄姓则源自大舜。相传远古时期,舜曾在河边制作陶器,称为甄工,也就是后世说的陶器师。舜的后代有的就用技能的名称"甄"字作为自己的姓氏。

再如稀少的"优"姓,也属于以技艺为氏。古代以乐舞戏谑(xuè)为业的艺人统称为优。春秋时楚国有个叫孟的优人,擅长以滑稽的方式对楚庄王进行讽谏,世人称作优孟,"优孟衣冠"故事的主人公就是他。宋元以后,常以此比喻戏曲艺人、演员假扮古人或模仿他人,也借指登场演戏。优孟的后代以技艺为姓,即为优姓。

再看一个源于职业技艺的姓——"钮"。它出自春秋时的吴国从卫骑都尉钮宣义,他的祖上是专职从事钮柄制作的"百工之长",故以技艺为姓,称钮姓。后来,钮宣义的一支后裔为避祸,就去掉"金"字旁而改为丑氏,读音仍作niǔ。据说,这支丑氏后来又由康熙帝赐姓，改为牰姓。康熙年间，湖南永康的丑氏家族和另外一个家族发生大规模的械斗，双方死伤惨重。丑氏家族战至最后一人，这个人便带着一把刀躲藏起来。康熙知道这件事后，派侍卫把他找回来，并赐以"牰"姓。从字面上看，"牰"字是一个丑家人带着一把刀。而康熙赐姓的实际寓意是：刀械相见，使丑家只剩下一个人，希望牰家人以后能和外姓人和睦相处，不要再发生这样的惨剧。于是，这个丑氏人从此改姓为牰，读音仍作 niǔ。他还建立了一个牰家祠堂，取名"丑后乐堂"，康熙赐姓的深刻寓意也成为牰家世代相传的祖训。

8. 谢安以身教儿

谢安（320—385），字安石，东晋杰出的政治家、军事家，祖籍陈郡阳夏（今河南太康）。在永嘉之乱中，谢氏一族南迁到会稽始宁（今浙江上虞），成为东晋、南朝时期非常显赫的家族之一。

谢安夫人刘氏，出身于世宦之家，对孩子们总是谆谆教导，天天如此，但她发现丈夫似乎对教育孩子很不上心。有一天，她埋怨谢安说："怎么从来不见你教育孩子呀？"谢安则回答说："我其实一直都是在亲自教他们啊。"谢安认为，自己平日里的为人处世，后辈都能亲耳听到、亲眼看到，他们难道还不知道应该怎样做吗？这实际上就是老子所说的"行不言之教"，也就是现在常讲的"身教胜于言传"。

据史书记载，谢安极为重视家庭教育，他隐居东山时，兄弟们都把子女送来让他培养。谢玄是谢安长兄谢奕的儿子，年少时沾染上了不良习性，喜欢佩戴香囊、手巾之类的饰物。谢安为此忧心忡忡，但又怕挫伤侄子的自尊心。于是，他就假装与谢玄打赌，赢取佩饰后马上烧掉。谢玄也深深领悟到叔父的良苦用心，不再追逐以阴柔为美的时代风尚，从而改掉了纨绔子弟的作风，很快成长为具有阳刚之气的有为青年。后来，在淝水之战中，谢玄担任前线主将，指挥若定，取得以少胜多的伟大胜利。

谢朗是谢安二哥谢据的儿子。这个孩子父亲早亡，自幼身体虚弱，谢安对他更是关爱有加。谢据小时候，老鼠常常在他们家房顶上跑来跑去，他便爬上房顶，放起烟来熏老鼠。社会上的人说起这件事，都嘲笑谢据，觉得他很痴很傻。有时当着小谢朗也会说，但只说"有人"，却不提是他父亲干的。所以谢朗一点也不知内情，还傻乎乎地跟着人家一起加以嘲笑。这样的事发生了不止一次。

谢安像

有一天,谢朗又提起这件事情,谢安觉得是时候告诉孩子真相了。他很温和但又很郑重地对谢朗说:"你知道吗?人们常拿这个来嘲笑你父亲,并且还说是我跟他一起干的。"谢安不愿意让谢朗瞧不起父亲,不惜把自己拉进来背黑锅,以此来减轻谢朗得知真相后的心理压力。

谢朗听了叔父的话,一下子就愣住了,又懊恼又羞愧,躲在屋里一个月没有出去。此后,再有人嘲笑他人时,谢朗便不再随意附和了。《世说新语》评价说,这才是真正的"德教",即以德教人。

谢安"常自教儿",他以各种方式引导子弟,使他们在耳濡目染中受到感化、感染,朝着自己所希望的方向发展。他的教育更注重于体贴入微的潜移默化,从不伤害孩子的自尊心和羞耻心。在他的精心培育下,谢家子弟都长成了"芝兰玉树",足见这种教育方法卓有成效。

qī xiè zōu yù 戚 谢 邹 喻

◎ **姓氏起源**

谢姓的来源主要有两个。一是出自任姓,为黄帝之后裔。黄帝有子二十五人,得姓者十二人,第七子为任姓。任姓建有十个小诸侯国,谢国为其中之一。西周时期,周宣王灭掉了任姓谢国。谢国的遗民便以"谢"为姓。二是出自姜姓,为炎帝之后裔。周宣王将其舅父封于申(今河南南阳北),建立申国,爵位为伯,世人称其为申伯。后又改封于谢（今河南唐河），建立谢国，筑谢城。公元前7世纪初，谢国被楚国灭亡，申伯的后代就以国名"谢"为姓。这一支成为谢姓的主流，著名的阳夏谢氏就来源于此。

现存最早的《谢氏族谱》，系宋代孤本。

知识拓展

中华姓氏有多少？

通行版本的《百家姓》虽然名叫百家姓，却收录了504个姓氏，其中单姓444个，复姓60个，这些姓氏都是中古时期所常见的姓。当然，《百家姓》只是收录了当时姓氏的一部分，甚至是很少一部分。

顾炎武像

那么，中华民族到底有多少姓氏，现在还存在多少？这都是令人很感兴趣的问题。

这两个问题目前都没有统一的说法，实际上也很难有确切的统计。不妨先看看历史上有关姓氏记载的几个数字。据顾炎武《日知录》考证，远古传说时代的姓只有22个，后来章太炎等又发现50余个。秦汉之后，姓氏不再区分，平民百姓也有了自己的姓氏，姓得以大幅度地增加。西汉元帝时，黄门

郑樵像

令史游编撰幼童识字课本《急就篇》，曾罗列130个姓，这可以说是西汉版的"百家姓"。东汉时应劭撰写的《风俗通·姓氏篇》则收录姓氏500多个，已基本和通行版的《百家姓》持平。

中唐时期，林宝编撰的《元和姓纂》收入姓氏接近两千个，中国姓氏从"百家姓"跨入了"千家姓"。北宋邵思的《姓解》、南宋郑樵的《通志·姓氏略》分别收录姓氏2 568个、2 293个，姓氏数量在唐代的基础上又推进了一步。与郑樵约略同时的邓名世著有《古今姓氏书辩证》，收有姓氏3 033个。

明清时期，对古今姓氏的研究持续升温。明陈士元的《姓觹（xī）》收录姓氏3 625个，如果计入外藩姓氏99个，则有3 724个；凌迪知《万姓统谱》中的"万姓"只是表示姓氏很多的意思，收录有姓氏3 679个。明末王圻的《续文献通考·姓氏考》总计收录姓氏4 665个，又创造了一项新的纪录。清代学者张澍（shù）的《姓韵》是古代搜集姓氏最丰富的著作，共收录姓氏5 129个。当代学人巫声惠编著的《中华姓氏大典》，汇集了中国历史上有文献可考的姓氏七千余个，这里面包括了清代以前的汉姓和辽、金、元、清等朝代的少数民族姓氏。也就是说，中国历史上使用过的姓氏在七千以上。

新时期以来，随着各地地方志、少数民族简志的出版问世以及各种高科技手段在人口调查方面的运用，又有一些罕见姓氏和少数民族姓氏被发现。这些也都反映在当代姓氏辞典的编撰上。1996年，袁义达、杜若甫编著的《中华姓氏大辞典》共收入姓氏11 969个，同时收录异译、异体字姓氏3 136个，成为20世纪收录姓氏最多的辞典。这样，中华姓氏就由"百家姓""千家姓"跃升到"万家姓"。

2010年，袁义达、邱家儒编著的《中国姓氏大辞典》共收录23 813个姓氏，姓氏数量再创新高。2014年，徐铁生编著的《中华姓氏源流大辞典》由中华书局出版，是目前收录姓氏最全最多的著作。此书收姓氏条目31 684条，其中汉姓（汉族姓氏及少数民族使用的汉式姓氏）10 523条，译姓（根据少数民族语言翻译成汉文的姓氏）21 050条，译姓演变为汉姓的姓氏111条。

虽然这些辞典收录有数万个姓氏，但古今实际使用过的姓氏并没有这么多。姓氏学专家袁义达通过对各方面材料进行综合分析，认为汉族姓氏数目在西汉初年有1 800多个，明朝末年增加到2 200多个，清朝道光年间又增加到2 800多个。就目前而言，除汉族外，55个少数民族都有汉姓，仍在使用中的中国姓氏超过7 000个，其中汉姓有4 000个左右，少数民族姓氏有3 000多个。这是当前比较具有权威性的说法，也是比较接近实际情况的数据。

9. 窦仪独识铜镜

窦仪（914—966），字可象，生活在五代至北宋初期，主持或参与制定了宋朝开国后的一些重要典章制度，深得赵匡胤的信任与器重。他家风严谨，学问渊博，二十五岁登第，其弟窦俨、窦侃、窦偁（chēng）、窦僖（xī），也都相继考中进士。当时号称"窦氏五龙"，又称"五子登科"。《三字经》上说："窦燕山，有义方。教五子，名俱扬。"讲的就是窦禹钧与窦仪五兄弟。无论是道德、文章，还是才干、声望，窦仪都是"五龙"中当之无愧的"龙头老大"。

窦仪为官能坚持原则，恪尽职守。后周显德年间，时任殿前都虞侯的赵匡胤攻克滁州，周世宗派窦仪前往清点府库财务。登记造册后，赵匡胤又派人来取府库中的绢匹，准备分赏给将士。窦仪说："如果是赵将军刚刚打下州城，即使把所有财物都分给将士，也没有人敢说什么。现在既然库藏已经登记，就属于国家财产了，没有皇帝的诏令是不能擅自取出的。"赵匡胤虽然在窦仪这里碰了一个软钉子，但窦仪忠于职守、不徇私情的品格给他留下了深刻的印象。后来，他多次对大臣们称赞窦仪已经具备了宰相的操守。

窦仪为人刚正不阿，敢于直言进谏。赵匡胤在陈桥

宋太祖像

兵变中黄袍加身，摇身一变而成为宋太祖。有一天，太祖召见窦仪起草重要文书。窦仪到了宫苑门口，看见皇上身着便服，露着额头，赤着脚板，大大咧咧地坐在龙椅上。窦仪就在门口站住，死活不肯进去，让人禀告太祖一定要注意天子威仪。太祖立刻叫人拿来冠带，穿戴得整整齐齐，窦仪这才进宫叩见皇上。一进来，他就开导太祖说："陛下是开国之君，应当以礼法昭示天下。"太祖听后，端正容色，向他连连称谢。自此以后，皇上召见近臣，不再随意着装。窦仪虽然冒犯了皇帝，宋太祖却从谏如流，对他连连赞赏。

窦仪像

窦仪为学孜孜不倦，博闻多识。963年，宋太祖决定启用一个新的年号，他特意嘱咐宰相赵普，这个年号不得与以前帝王用过的相同。宰相提议将"乾德"二字作为年号，取《易经》"大哉乾元"之意，象征北宋开国的新气象。这一提议被宋太祖所采纳。到了乾德三年（965年），宋太祖灭掉后蜀，有后蜀宫女被送入后宫。一天，宋太祖观赏宫女的梳妆用品，发现一面精致的古铜镜，背面镌刻有"乾德四年铸"的字样。他十分惊讶，大感不解："现在不过是乾德三年，怎么会有乾德四年铸的铜镜？"于是，他命人将镜子拿给大臣看，大臣们也都面面相觑，说不出个所以然。于是，太祖又召见翰林学士窦仪询问此事，窦仪应声答道："此镜一定是从蜀地得到的，前蜀后主王衍用过乾德这个年号，铜镜应是那时候铸造的。"宋太祖听了恍然大悟，高兴地说："宰相必须要用读书人。像窦仪这样有才学的大臣，可以做宰相了。"

当时的宰相赵普，平日就忌惮窦仪的才识，如今又风闻太祖要任命窦仪为相，心里未免忐忑（tǎn tè）。于是，他和其他权臣一起排挤、打压窦仪。赵普独揽大权，排除异己，逐渐引起了宋太祖的注意与担忧。

一天，太祖召见窦仪，言谈之间对赵普的所作所为有所不满，而且一再盛赞窦仪的才学声望堪当重任。窦仪却不以个人进退为意，并没有趁机落井下石，反而以德报怨，对赵普这位开国元勋做出了很高的评价。太祖有些不高兴。回到家中，窦仪告诉弟弟们："我必定是当不了宰相了，但是也不会因为做宰相而被流放到朱崖（今海南），庆幸咱们家族能得以保全。"不久，窦仪病逝，太祖为自己没有能够及时重用窦仪而感到万分惋惜，他悲痛地说："老天为什么这样快就夺走我的窦仪啊！"

柏水窦章
bǎi shuǐ dòu zhāng

◎ 姓氏起源

窦姓出自姒姓，远祖始于夏朝。夏朝国君帝相时，寒浞（zhuó）叛乱，杀死帝相。帝相有个王妃已经怀孕，"逃出自窦（墙洞）"，即从墙洞中逃出来，回到娘家有仍（今山东济宁东南），生下遗腹子少康。后来少康杀死了寒浞，重新做了夏王，史称"少康中兴"。少康的两个儿子杼（zhù）、龙，仍然居住在有仍，因为他们的祖母是从"窦"中逃出才得以活命的，就用"窦"作为自己的姓氏。窦氏族人大多尊奉少康为得姓始祖。

知识拓展

让人无比心痛的"痛"姓

看到这一题目,也许会有人发问:有"痛"这个姓吗?答案是肯定的,宋朝就有人叫痛无忌。不过,"痛"姓确实非常罕见。它的来源还与历史上一个极富传奇色彩的帝王有关。这个人就是周穆王姬满,他曾在巡游途中遇到一位绝色女子盛姬,十分宠爱。可惜盛姬红颜薄命,随穆王狩猎时身染寒疾,年少而逝。周穆王悲痛万分,赐给她哀淑人的谥号,按照后妃的礼节隆重安葬,并改盛姬一族为"痛"氏,以表达自己的哀痛之情。

"痛"氏的来源方式,与"窦"氏如出一辙,可归入以先人之事为姓的一类。在姓氏起源中,有的带有鲜明的颂功显荣的目的。当祖先获得了某项无上的荣光或者做成了一件无比荣耀的事情时,往往会在子孙后代那里代代传扬。为了纪念这一重大事件,也会以此来命名姓氏。

孔子诛少正卯。

《百家姓》中曾收录了复姓"闻人","闻人"的来历跟孔夫子还有些瓜葛。春秋末年,鲁国有个学者叫少正卯,与孔子齐名,但是其学术观点却与孔子针锋相对。少正卯也像孔子一样开办私学,听他讲学的人也有很多。孔子曾说少正卯是"小人之桀雄（雄杰）"。后来,孔子当上了鲁国的大司寇,代行宰相职务,他上任后做的第一件事就是诛杀少正卯。因为少正卯博学多才,颇有声望,远近闻名,所以被称为"闻人"。他的后世子孙便以"闻人"二字作为姓氏,有的省文改为单姓"闻"姓。

　　除了上述姓氏之外,车姓、羊舌姓的来源也可归于此类。据《汉书》记载,汉武帝时有丞相田千秋,于朝廷有功,因为年老行动不便,武帝特别准许他乘坐小车出入宫殿,时人称为"车丞相"。他为了感谢朝廷的恩宠,就改用"车"字作为自己的姓氏,他的后代就沿袭下来。杜预的《春秋左传集解》记载,古时有个人叫李果,曾有人盗杀了一只羊,把羊头送给他。他不敢不要,就把羊头埋了起来。后来东窗事发,李果受到牵连。他想挖出羊头,以表明自己并未食用。此时羊头早已腐烂,唯有羊的舌头还在,李果也得以免于处罚。为了铭记这一事件,他的后代就用"羊舌"作为姓氏。

10. 范仲淹三黜三光

范仲淹（989—1052）以《岳阳楼记》一文名传千古，其"先天下之忧而忧，后天下之乐而乐"的名言，几乎是人人皆知。他不仅是一位伟大的文学家、思想家，而且是一位伟大的政治家。他从小就立下"不能利泽生民，非大丈夫平生之志"的誓言，踏上仕途之后，更是以天下为己任，勇于担当，敢于作为，不计个人利害得失。

宋仁宗天圣六年（1028年），经宰相晏殊的推荐，范仲淹荣升秘阁校理，负责皇家图书典籍的校勘和整理。这一职位，实际上等于是皇上的文学侍从。因此，不但可以经常面见皇上本人，而且能够了解不少朝廷要事。这时，范仲淹得知仁宗皇帝年已二十，却不过是个傀儡（kuǐ lěi），朝中各种军政事宜，全凭六十多岁的刘太后做主。他还听说这年冬至那天，太后欲让仁宗同群臣一起给她叩头庆寿。范仲淹认为，这样的举动有损君主的尊严，他立刻上奏予以制止。接着又上书力谏刘太后撤帘罢政，将大权交还仁宗。

刘太后得知消息后大发雷霆，将范仲淹贬至河中府（今山西永济）任通判。官员士子都赶到京城郊外给他饯行，纷纷称赞道："范君此行，极为光耀啊！"

范仲淹像

三年之后，刘太后离开人世。宋仁宗得以亲政，他把范仲淹召回京师，任命为右司谏，即专门评议朝事的谏官。有了谏官的身份，范仲淹上书言事更无所畏惧了。这一次，范仲淹却与宋仁宗发生了正面冲突。原来，在时任宰相吕夷简的怂恿（sǒng yǒng）下，宋仁宗决定下诏废除贤惠正直的郭皇后，并明令禁止朝中官员参议此事。范仲淹认识到在这一宫廷家务纠纷背后，包藏着不可告人的政治阴谋。于是，他就率领一帮谏官在廷阁叩首，请求收回成命。然而，不仅无人理睬他们，殿门反而砰的一声关闭了。范仲淹等人手执铜环，叩击宫门，高声质问："皇后被废，为何不听谏官进言？"范仲淹遂和同僚决议，明日早朝之后，百官统统留下，当众与吕夷简辩论，一定要争出个是非曲直。

　　第二天，范仲淹正等候上朝，想不到仁宗一声令下，把他贬到睦州（今浙江建德）做知州，随即又派人催促他立刻离京。这次到京城郊外送别的人，已不是很多，但仍有人称赞说："范君此行，愈为光耀啊！"

　　过了数年，范仲淹再次被朝廷起用，担任天章阁待制、开封知府。可是江山易改，禀性难移，他依然疾恶如仇，敢于对一切不正之风亮剑。范仲淹看到宰相吕夷简任人唯亲，结党营私，把朝政搞得一团糟，便把京官晋升情况绘制成一份"百官图"，上呈宋仁宗。他指着上面开列的官员名字说："这个是正常升迁，那个是破格提拔；这个是按公事办理，那个就带有私情。"直言宰相以权谋私，用人不当。吕夷简气得暴跳如雷，在仁宗面前状告范仲淹越职言事、推荐朋党、离间君臣，请求宋仁宗严惩范仲淹。

　　在吕、范之争中，宋仁宗最终站在了吕夷简这一边，将范仲淹贬到饶州（今江西鄱阳）做知州。这次到京城郊外送别的人，已寥寥无几，但仍有正直之士对他啧啧称赞："范君此行，尤为光耀啊！"几起几落的范仲淹听罢大笑道："仲淹前后已是三光了，下次如果再送我，依然是我的光耀！"

"三光"之后,在饶州附近做县令的好友梅尧臣,写了一首《灵乌赋》寄给范仲淹,规劝他说,你在朝中屡次直言,都被当作乌鸦不祥的叫声,愿你此后缄默不语,少管闲事,可保平安,可荫妻子。范仲淹立即回复了另一首《灵乌赋》,表白自己的心迹:不管人们怎样厌恶乌鸦的哑哑之声,我"宁鸣而死,不默而生"!表达了范仲淹不畏强权的坚定信念和忧国忧民的高尚情操。

奚 范 彭 郎
xī fàn péng láng

◎ 姓氏起源

范姓出自祁姓,为帝尧裔孙刘累之后。刘累侍奉夏王孔甲,赐氏御龙。后迁鲁县,至商为豕韦氏。商末受封于唐国,周成王灭唐,唐国国君迁至杜(今陕西西安东南),建杜国,为杜伯。周宣王时,杜伯无罪被杀,他的儿子隰(xí)叔逃到晋国,隰叔的曾孙名士会,其采邑在范(今河南范县),世称范武子。其后代子孙遂以祖上采邑名"范"作为自己的姓氏。

◎ 知识拓展

范仲淹是不是一直姓范?

看到这个问题,有人会不假思索地回答,范仲淹当然一直是姓范啊。其实,范仲淹在四岁至二十七岁这段时间并不以范为姓。这还要从他的悲惨身世说起。范仲淹的父亲名叫范墉,苏州吴县(今江苏苏州)人,曾三任掌书记(类似于机要秘书)之职,母亲谢氏则是范墉的侧室。范仲淹出生第二年,父亲因病去世。范仲淹母子因为是侧室庶子,不被范氏宗族认可,母子二人贫困无依。范仲淹四岁时,随母

范仲淹少年时生活艰难,但苦学不辍。

亲改嫁到淄州长山(今山东邹平长山镇)朱文翰家,因此随继父姓朱,改名朱说(yuè)。成年之后,范仲淹才知道自己是范氏之子,读书愈加勤奋。

宋真宗大中祥符八年(1015年),范仲淹以朱说之名考中进士,被任命为广德军(今安徽广德)司理参军。这时,他便把母亲接来奉养,并欲改回本姓。范氏族人以为他要来争夺家产,予以拒绝。当他一再表明自己无意家产的立场后,范氏族人才允许他回归本姓。两年后,他又向朝廷奏请恢复本姓,经朝廷审核批准,他才正式改回范姓,更名为范仲淹。

像范仲淹曾长期姓朱这种情况,可归于随母亲改嫁而改姓一类。明代理学家金贲(bì)亨的经历和范仲淹十分相似。他自幼丧父,随母亲改嫁高家,改姓高,正德九年(1514年)中进士后,奏请准予复为金姓。随母亲改嫁而改姓,这种现象古今都有。改姓后的情形也不一样,有的就一直改随继父的姓氏,有的在成年后会改回本姓。

入赘(zhuì)改姓,与因改嫁而改姓的情形颇为类似。所谓入赘,就是男方到女方家里落户,俗称"倒插门""招女婿"。入赘的男子要放弃原来的姓氏而改用女方之姓,儿女也要跟随母姓。甚至寡妇住在夫家,招后夫承继前夫门户,入赘者也要改姓前夫之姓。陈姓中的两支就源自入赘改姓。元朝时,原北齐清河王高岳的十四世孙高谅入赘陈家,子孙改姓陈;元朝末年农民起义领袖、"大汉"政权建立者陈友谅,出身于沔(miǎn)阳渔家,他的祖父陈千一原本姓谢,因入赘陈家,遂改姓陈。明代著名书法家王穉(zhì)登,祖上本姓鸟,因其五世祖从利城(今江苏江阴)迁徙到毗陵(今江苏常州),入赘王家,改为姓王,其后世也皆以王为姓。

还有一种情况,可称为过继改姓。过继,亦称过房、过嗣,是指本人没有儿子,收养他人之子为后嗣,一般是同宗之子或亲戚之子,有时也可能没有任何血缘关系或亲属关系。如果不是同宗同姓,那么过继来的后嗣就必须改从养父之姓。从本质上看,过继与入赘一样,都体现出根深蒂固的宗族观念,目的是为了传宗接代、延续香火。

中国历史上因过继而改姓的最知名家族,非曹操家族莫属。据史书记载,曹操的父亲曹嵩,原姓夏侯,他是东汉末年宦官中常侍、大长(cháng)秋曹腾的养子,故改姓为"曹"。不过,这一传统说法受到了现代高科技的挑战。2013年,复旦大学历史学和人类学联合课题组,发布了关于曹操家族DNA研究的最新成果。课题组发现现有的夏侯氏基因与曹操家族基因并不一致,由此可以推知,曹嵩可能是来自于家族内部过继,而非从夏侯氏抱养。

曹操像

刘姓中也有几支源自过继改姓。三国蜀将刘封，本是罗侯寇氏的儿子，长沙刘氏的外甥，刘备寄居荆州时，因为没有子嗣，于是收刘封为养子，刘封遂改姓刘。五代十国时，有一个北汉政权，开国君主汉世祖名叫刘崇（后改名刘旻），他的女儿嫁给了薛钊，生有一子叫薛继恩。薛钊不被岳父刘崇所用，又与妻子刘氏聚少离多，因此心生不满，便在酒醉后将妻子刺伤，并畏罪自杀。过了一段时间，刘崇的女儿又改嫁何氏，生有一子叫何继元，不久夫妻先后去世。刘崇的次子刘承钧没有子嗣，汉世祖便将薛继恩、何继元过继给刘承钧（也是他们的舅舅），二人皆改姓为刘，也就改名为刘继恩、刘继元。刘继恩就是后来的北汉少主，总共在皇位上待了六十天；刘继元则是北汉的最后一代皇帝，最终向宋太宗叩头称臣。

11. 马援马革裹尸

王勃在《滕王阁序》中曾说:"老当益壮,宁移白首之心;穷且益坚,不坠青云之志。"很多人对此耳熟能详,然而如果说到其用典的出处,大概很少会有人把这句话和马援联系在一起。其实,除了"穷且益坚""老当益壮"之外,如"守钱虏""修饰边幅""妄自尊大""不分轩轾(xuān zhì)""聚米为山""马革裹尸""薏苡(yì yǐ)之谤""刻鹄不成尚类鹜(wù)""画虎不成反类狗"等,也都是马援留下的名言警句。那么,马援是怎样的一个人呢?

马援(前14—49),字文渊,扶风茂陵(今陕西兴平东北)人。他是辅佐汉光武帝刘秀建立中兴大业的功臣。马援在十二岁的时候成为孤儿,生活十分艰难。王莽时期,他担任督邮,因私下放走囚徒而逃命北疆。他在那里种田放牧,由于经营有方,家业很快兴旺起来。他把家产看得很淡,曾慨然长叹说:"凡是经营财产,贵在能够周济他人,否则就不过是个守钱奴罢了。"于是,他把所有财产都分给了兄弟朋友,自己仍旧过着简朴的日子。马援经常激励大家说:"丈夫为志,穷当益坚,老当益壮。"意思是男子汉大丈夫应当有远大志向,越穷困越要坚定,越老迈越要豪壮。他是这样说的,也是这样做的。

马援画像

汉光武帝像

沧海横流,方显英雄本色。王莽篡汉之后,烽烟四起,即使刘秀称帝建立东汉后,也存在着许多割据势力。当时,占据陇西的名将隗嚣(kuí xiāo),对寄寓凉州的马援无比信任,言听计从,同卧同起。占据巴蜀的公孙述则是马援的同乡好友,待他殷勤备至,恩礼有加。但他认为公孙述妄自尊大,不过是井底之蛙;隗嚣则生性多疑,优柔寡断,这两人都难成大器。

建武四年(28年),马援带着隗嚣的书信到达洛阳,拜见光武帝。光武帝亲自出面迎接,笑着对他说:"你曾奔走周旋于隗嚣、公孙述二帝之间,今天见到你真令我自惭形秽。"马援的回答堪称石破天惊:"当今之世并未太平,不只是君主选择臣下,臣下也要选择君主呢。"这一回答不仅在当时颇有些离经叛道,在今天看来也是很有个性的。马援与光武帝一见如故,不久就投效于他,后来还参与了讨伐隗嚣、平定凉州等战争,为光武帝统一天下立下了赫赫战功。

东汉统一之后,马援年纪也大了,但看到边境地区不时有人发动叛乱,便抖擞精神,主动请战,四处征伐。建武十七年(41年),南方交阯(zhǐ,今越南北部)一带发生了征侧、征贰姐妹的叛乱。光武帝拜五十多岁的马援为伏波将军,率领大军前去征伐。马援沿海路前进,随山开道一千余里,大破叛军,斩杀征侧、征贰,把她们的首级送到京城。接着,马援又乘胜进击九真郡,扫清叛军余党,岭南一带完全平定。他每到一处,即废除苛政,完缮城郭,兴修水利，安抚民众。据说，马援还在交阯树立两根铜柱，作为汉朝最南方的边界，其上刻有铭文："铜柱折，交阯灭"。"马援铜柱"也成为后世文人诗赋中的常用典故。

马援大获全胜，回到京城，亲朋好友都前来道贺，并劝他好好休整一下。这时，北方的匈奴、乌桓正骚扰边境，这位报国心切的英雄，再次请求出征。他慷慨激昂地说："男儿要当死于边野，以马革裹尸还葬耳，何能卧床上在儿女子手中邪？"他认为，男子汉大丈夫应当战死于边疆沙场，用马皮包裹尸体运回故乡安葬，这样才算死得其所，怎么能躺在床上，死在儿女的身边呢？不久，光武帝便派他戍守北方边疆。乌桓探知马援要率军前来，还没有见到汉军的影子，便闻风而逃，马援遂不战而胜。

建武二十四年（48年），武陵（今湖南常德西）的五溪蛮族发动叛乱。光武帝派人前去征讨，结果全军覆没。马援又请求出征武陵。一开始光武帝考虑他年事已高，没有允许。可是马援想到自己已余日无多，为国捐躯乃平生所愿，如果错失这次机会，必成终生遗憾。于是，便当面向皇帝请战，在殿前穿上铠甲，跨上战马，左顾右盼，神采飞扬，尽显老当益壮的神采。光武帝见状笑道："矍铄（jué shuò）哉，是翁也！"遂派他率军远征。后来"矍铄"就被用来形容老年人精神健旺，"矍铄翁"也成为马援的代称。

不料这次出征，"矍铄翁"马援竟病死军中，最终实现了他老当益壮的志向和马革裹尸的夙愿。

鲁 韦 昌 马
lǔ wéi chāng mǎ

◎ 姓氏起源

马服君赵奢是马姓始祖。

马姓是一个典型的多民族、多源流的姓氏。一是出自嬴姓，属于以邑名为姓。前270年，赵国名将赵奢在阏与（yù yǔ，今山西和顺）之战中，大破秦军，赵惠文王将他封于马服（今河北邯郸西北），称为"马服君"。赵奢死后便葬于封邑，当地的紫山也因此改名为马服山。赵奢的后人有的以祖先封地名"马服"作为姓氏，有的则去掉"服"字，以马为姓。西汉武帝时期，马氏后人的一支从马服迁到扶风茂陵定居下来，遂成为声名显赫的望族，马援即出于扶风马氏。汉明帝的妻子明德皇后是马援的女儿，经学家马融是马援的从孙，三国时期蜀国的大将马超、马岱，唐朝的将领马璘、学者马总都是马援的后人。二是出自少数民族改姓。金朝人习礼吉思，先世为西域雍古部，他曾任凤翔兵马都统管判官，便取官称中的"马"字作为汉姓，改名为马庆祥。雍古马氏家族是金元之际的衣冠望族，元代文学家马祖常就是马庆祥的四世孙。

知识拓展

回族中为什么马姓最多？

回族人口在我国少数民族中居于第三位，仅次于壮族和满族。在回族中，马姓人口又占了很大的比重，以至于流传着"十个回回九个马，另外还有沙、喇、哈"的说法。"十个回回九个马"之说，或许有所夸大，但马姓作为回族第一大姓，的确是事实。那么，为什么马姓会成为回族第一大姓呢？

在民间还流传着这样一种说法："十个马姓不同源，八个马姓不同宗。"这个说法，实际上已经给出了答案。马姓能够发展壮大的主要原因，是其来源广泛，头绪众多，与"张王李赵遍地刘"是一个道理。可以说，正是"十个马姓不同源"之因，才形成了"十个回回九个马"这一特殊姓氏现象。

回族马姓的最主要来源，与伊斯兰教的创始人穆罕默德的名字有关。回族是一个信仰伊斯兰教的民族，对穆罕默德十分崇拜，在起经名时，喜欢取与穆罕默德相同的名字，在取姓氏时，也喜欢取与穆罕默德名字相近的姓。穆罕默德在中国历史上有不同的译音，明代以前的汉译名主要有马罕默德、马哈迈德、马哈麻、马哈木等均以"马"为首字。于是，回族人在取姓时，便以穆罕默德汉译名的首字"马"作为首选。

回族马姓的另一来源，与阿拉伯、波斯、西域等人名的音译有关。唐宋时期，大量的阿拉伯人、波斯人、西域人，通过陆上、海上两条丝绸之路来到中国，有的就定居于中原，成为回族大家庭的一分子。如马依泽为西域鲁穆国（今土耳其）人，是一位精通天文历算的伊斯兰星历学家。宋代时来华参与编修《应天历》，在中国历法计算中首先引进星期制度。宋太祖授其为光禄大夫、右柱国兼钦天

郑和像。郑和原姓马，小名三宝，回族。

监,世袭侯爵。马依泽系古鲁穆文字(土耳其文)的汉译,遂以马授姓,成为依泽马氏的鼻祖。

回族马姓,也有相当一部分是赐姓。这种情况在明代居多,如西域人定亦德,明洪武年间定居北京,被赐姓为马,名为信,为北京东四清真寺伊玛目(领拜师)。

回族马姓的其他来源渠道,还有以谐音为马姓、以意译为马姓、出于各种原因改作马姓等。同时,也融入了一些兄弟民族的马姓。比如前面提到的元代文学家马祖常后来定居并葬于光州(今河南潢川),他的后裔与当地的回族陈姓世代联姻,遂成为回族,并信仰伊斯兰教。

由于来源较多,分布较广,所以回族马姓就像滚雪球似的越来越多。马姓的成长发展史,实际上就是整个回族历史发展的缩影,也是中华民族相互融合的历史见证。

12. 柳公权心正笔正

一提起诗才敏捷，大家首先会想起曹植七步成诗的故事，他在兄长魏文帝百般刁难的窘境下出口成章，着实令人钦佩。在名家林立的唐代，却有一位诗人能够三步成诗，也成为文坛上的一段佳话。

这个人名叫柳公权（778—865）。有一天，他陪伴唐文宗在未央宫苑游玩，良辰美景，赏心悦目。文宗兴致勃勃，就提起他最近有一桩特别开心的事儿，柳公权忙问是什么事。文宗笑着回答说："过去赏赐给边境将士的衣服，常常不能及时送达，现在二月里就把春衣发放完毕。"柳公权一向关心民生疾苦，听到这一消息也是喜上眉梢，于是连忙向皇帝道贺。文宗却不满足于此："只是口头祝贺一下，并不能把你的心意充分表达出来，你应该用诗歌来表示祝贺之意。"旁边的宫女也趁机起哄，连连催促，柳公权脱口而出，应声念道：

去岁虽无战，今年未得归。
皇恩何以报，春日得春衣。

这首诗既表现了征人的艰辛，又颂扬了皇恩的浩荡，切题切景切情。唐文宗对柳公权的诗情才气感叹再三，称赞他是"三步之才"。

其实，柳公权之所以能够享誉天下，并不是因为诗歌——诗歌只是他的副业，而是由于书法——书法才是他专长。他以楷书著称于世，与颜真卿齐名，人称"颜筋柳骨"。早在唐穆宗时，柳公权就已经是非常有名的书法家。有一次，唐穆宗在一座寺院里看到了柳

柳公权像

公权的笔迹，顿生仰慕之情，很想见一见他，与他切磋切磋书法技艺。恰巧，柳公权进京回奏政事，唐穆宗便将他留在身边，当即晋升他为右拾遗，也就是负责向皇上进言的谏官。

一天，两人在一起谈论书法，唐穆宗向柳公权请教，怎样用笔才能尽善尽美。柳公权深知穆宗平日荒淫无度，做事颇为荒谬，就想趁此机会提醒一下皇上。他神情严肃地回答道："用笔在心，心正则笔正。"意思是用笔的方法，完全在于用心，只要心中端正，笔法自然尽善尽美。它还是一种形象的比喻，实际上是劝谏皇帝为人处世也要正直无邪，只有这样才能利国利民。穆宗听出了话中的弦外之音，知道他是借"用笔之法"进行劝谏，心里感到十分羞愧。

到了唐文宗时，柳公权又由谏议大夫晋升为中书舍人，充任翰林书诏学士。虽然不再担任谏官职务，但他犯颜直谏、匡正补益的性格仍是一以贯之。这天，唐文宗与六位学士在一起谈古论今，当大家说到汉文帝生活俭朴的时候，文宗便举起自己的衣袖让大家看，有意显扬说："这件衣服已经洗过三次了，我现在还穿在身上。"学士们都纷纷颂扬文宗的节俭品德，唯独柳公权闭口不言。

唐文宗问柳公权为什么不说话，他解释道："作为一国之主，应该重用贤良方正之士，罢免无才无德之徒，做到从谏如流，赏罚分明。这才是治理国家的准则，也是天子最可宝贵的美德。至于穿件洗过的衣服，那不过是细枝末节，无足轻重。"文宗听了这番话，觉得颇有道理，就对他说："你已经担任了中书舍人，从情理上讲，不应再去当职位较低的谏议大夫了。不过，你议论政事很有谏臣风采，那就有劳你兼任谏议大夫吧。"

可以看出，柳公权的"心正笔正"，不仅造就了他骨力遒劲、棱角峻厉的书法风格，也形成了他坚贞忠直、正气凛然的为人品格。

俞任袁柳
（yú rén yuán liǔ）

◎ 姓氏起源

柳姓的来源主要有两支。一是出自姬姓，属于以邑名为姓。春秋时，鲁国国君鲁孝公之子姬展的孙子无骇以祖父名为姓，始姓展。无骇生子展禽，名获，字季，任鲁国士师，管理刑狱，食邑于柳下（今河南濮阳柳下屯）。孟子称他为"圣之和者"。柳下惠的后人以其封邑为姓，称柳姓。前256年，鲁国为楚所灭，柳姓人有一部分南迁至楚国境内。秦统一六国，又有一批柳姓人迁往河东（今山西运城一带），成为当地望族，称为河东柳氏，柳宗元、柳公权等很多柳姓名人都源自这一支系。二是出自芈姓，属于以都城名为姓。楚怀王熊槐的孙子熊心，秦末起义时被项羽推为首领，也称楚怀王，号称"义帝"，建都于柳（今湖南常德），后被项羽派人杀害。他的子孙有的以"柳"作为自己的姓氏。

◎ 知识拓展

柳敬亭原来不姓柳

柳敬亭是明末清初著名评话艺术家，因为他满脸瘢疤（bān bā）疙瘩，人送绰号"柳麻子"。他原本姓曹，名永昌。曹永昌少年时是当地有名的无赖，粗野强悍，横行乡里。十五岁时触犯刑律，应当处以死刑，多亏有贵人相助，才得以脱身。遂避仇逃亡，浪迹江湖，以说书度日。有一次行至安徽宁国，栖息于敬亭山柳树之下，感到今后的人生命运将像柳絮一样漂泊不定，于是改姓柳，名敬亭。这个在柳树下诞生的名字，从此就永远镌刻在辉煌的艺术史册上。

柳敬亭改姓这种情况，可称为因避难改姓。避难就是躲避仇人，躲避灾祸，躲避战乱。孔子的得意弟子端木赐，字子贡，其后人为躲避仇杀，一支去木而为端姓，一支去端而为木姓。木姓的子孙后来又因避难而改姓，加三点水为"沐"姓。司马迁故乡陕西韩城有冯、同二姓，据说在司马迁下狱时，他的两个儿子为避祸而先后改姓。长子司马临将"马"字左边加两个点，姓冯；次子司马观将"司"字左边加一竖，姓同。因此，当地有一个说法叫作"同冯不分，同冯不婚"。司马迁的外孙叫杨恽（yùn），因告发霍氏谋反有功，封平通侯，后因得罪汉宣帝被腰斩，其子为避难，以恽为姓，世代相传。

柳敬亭像

在避难改姓中，下面这个事例很有代表性。周文王的后裔姬季桢，曾出任秦国的博士。秦始皇焚书坑儒时，姬季桢被害。他的弟弟姬季眭（guì）深恐祸及子侄后代，就按自己名字"眭"的读音，将姬季桢的四个儿子分别改为桂、昋、炅、炔四姓。长子名奕，改为桂奕，居于幽州（今河北涿州一带），守护祖上坟墓；次子名突，改为昋突，迁居济南朱虚（今山东临朐）；三子名奖，改为炅奖，迁至齐国历山（今山东济南）；四子名奘（zàng），改为炔奘，移居河南城阳（今河南信阳）。这四个姓氏，字虽不同，音却是相同的，都读作guì，为同宗同源。五代时期，这四姓族人为了躲避战乱，一同南渡到广信、上饶等地区。

　　因避难而改变的姓，与原先的姓氏有着某种内在的联系。有的是发音相同，如仇（qiú）氏避仇改姓求、伍氏避仇改姓五、经氏避仇改姓京等。有的是字形相近，如楚国熊挚之后为避难而去熊字四点改为能（nài）姓，西汉韩信之子为避难而取韩字之半改为韦姓，查（zhā）氏避仇改姓香，棘氏避仇改姓棗（枣）等。这也说明，改姓者念念不忘本根所在，与原姓之间依然存在着割舍不断的血缘亲情。

13. 于谦童年巧对

于谦（1398—1457），字廷益，钱塘（今浙江杭州）人。他是明代著名的爱国志士。于谦生在杭州，长在杭州，蒙难后又归葬杭州，与南宋抗金名将岳飞、南明抗清英雄张煌言并称为"西湖三杰"。

于谦从小聪敏过人，六七岁的时候，就读了好多书。他还有个拿手绝活，特别擅长对对子。母亲非常疼爱于谦，常常把他的头发扎成两股，向上竖着，活像两只小角。这一天，母亲给他梳好头，于谦就上学去了。

到了学堂，于谦碰上了一个叫兰古春的和尚，和尚一看小家伙梳的头发挺逗人，就对于谦开玩笑说：

牛头喜得生龙角；

意思是说，你这个牛脑袋怎么长出来两个大龙角？小于谦一听，心里很不舒服，随口回敬了一句：

狗口何曾出象牙！

"狗嘴里吐不出象牙"是当时流行的俗语，意思是坏人嘴里说不出好话来。和尚一听，哭笑不得，同时也对于小于谦的才思敏捷感到惊讶。

回到家中，于谦对母亲说："您以后别再给我梳这样的头了，免得惹人笑话。"母亲就给他在脑瓜顶上梳了三个发结。于谦来到学堂，又碰上了兰古春。和尚见于谦头发式样变了，就取笑他说：

三角如鼓架；

意思是说，你脑袋上的三个权儿就像支鼓的架子。于谦看了看兰和尚的秃头顶，灵机一动，马上反唇相讥：

一秃似擂槌。

意思是说，你这秃脑袋活像一个大鼓槌（chuí）儿。和尚虽然挨了骂，仍打心眼里佩服小于谦的机智过人。他对于谦的老师说："这个小家伙不简单，日后必能成为救时的宰相。"后来此话果真应验了。

于谦像

于谦十四岁时去杭州应试，杭州知府虞谦担任主考官，两人姓同音，名一样。虞谦点名时，他站起身来却不答应。主考官问他为何不答，于谦彬彬有礼地说："我与大人同名，不敢冒犯大人的名讳，所以没有应答。"虞谦看到这个小学童聪明伶俐，又讲礼貌，便想考考他的才学，于是出了一句上联：

何无忌，魏无忌，长孙无忌，彼无忌，尔亦无忌；

上联一连使用了五个"无忌"，前三个指人：东晋大臣何无忌，战国时魏国信陵君魏无忌，唐代开国元勋长（zhǎng）孙无忌。后两个是双关借用，意思是他们三人同名"无忌"，尚不忌讳；我们两个同名，你也不必忌讳。

于谦见主考官如此谦和，便消除了顾虑，专心地思考起下联来。忽然，灵光闪现，一句妙对脱口而出：

张相如，蔺相如，司马相如，名相如，实不相如。

下联也相应地用了五个"相如"，前三个同样指人：西汉初年东阳侯张相如，战国时赵国大臣蔺相如，汉代文学家司马相如。后两个"相如"是说，这三个人虽然名字都一样，但实际上水平参差不齐；同时也借此表明自己实不敢与宗师大人相比的谦虚态度。

虞谦听罢，又惊又喜，不禁感叹后生可畏，真是"芳林新叶催陈叶，流水前波让后波"啊。虞谦深知，这孩子必将出人头地，现在他说难以和自己"相如",只恐怕将来是自己难以与他"相如"了。历史的发展也验证了虞谦的预言,对于大多数人来说,于谦的名气比虞谦要大得多。

乐于时傅
（yuè yú shí fù）

◎ **姓氏起源**

于姓的来源主要有两支。一是出自姬姓,属于以国名为姓。周武王克商后,大举分封诸侯,他的儿子邘叔被封在邘国(今河南沁阳)。邘叔的子孙就以国名为氏,有的姓了邘,有的则去偏旁姓于,是为河南于姓。春秋战国混乱,邘叔有后裔迁山东郯城,为山东于姓。二是出自淳于姓。淳于是春秋时的小国,后被杞国吞并,其国君子孙遂以国名为姓,称为淳于姓。唐宪宗李纯时,因"淳""纯"同音,为避讳便将复姓淳于姓改为单姓于姓。到了宋代,又有部分于姓恢复淳于姓,也有一部分沿袭未改,形成于姓的一支。

◎ **知识拓展**

有趣的姓名对联

对联,俗称对子,雅称楹联。它要求字数相等、词性相对、句法相同、平仄相协,是汉语语言独特的艺术形式。对联艺术是中华民族的文化瑰宝,楹联习俗也被列入第一批国家级非物质文化遗产名录。古人也往往将姓名嵌入对联,这其间还流传着许多有趣的小故事呢。下面一起来看看吧。

上文讲到虞谦与于谦的对联中分别用了三个相同的人名,充分展现了二人的聪明才智。南宋的周密在《齐东野语》中也记载了一副类似的对联，同样脍炙（kuài zhì）人口：

> 邹孟子，吴孟子，寺人孟子，一男一女，一不男不女；
> 周宣王，齐宣王，司马宣王，一君一臣，一不君不臣。

上联中的"邹孟子"，指的是战国时期的思想家孟轲，为邹国人；"吴孟子"是鲁昭公的夫人，为吴国人；"寺人孟子"是《诗经·小雅·巷伯》的作者，寺人即宫中阉人（yān rén，后世的太监），故称不男不女。下联中的"周宣王"指姬静，为西周天子，故为君；"齐宣王"指田辟疆，为战国时诸侯，故为臣；"司马宣王"指司马懿，三国魏时其次子司马昭封晋王后，追封他为宣王，其孙司马炎以晋代魏后，又追尊他为宣帝，故称之为不君不臣。

康熙五十年（1711年），江南贡院发生了一起震惊朝野的科场舞弊案。许多不学无术的盐商子弟，通过行贿被录取。落榜的考生群情激愤，就将财神像抬到了夫子庙里，然后又用纸糊改考场上的匾额，将"贡（繁体作'貢'）院"二字改为"卖（繁体作'賣'）完"（"貢"字改成"賣"字，略添数笔即可）。此次科场的主考官是左必藩，副主考官是赵晋。于是，便有人撰写了这样一副对联：

左丘明两目无珠；赵子龙一身是胆。

这是一副妙语双关的姓名对。上联中的左丘明是春秋时期一位双目失明的历史学家，相传《左传》即其所著；这里嵌入主考官左必藩的姓，用以讽刺他有眼无珠，对舞弊行为视而不见。下联中的赵子龙是蜀国名将赵云的字，先主刘备曾感叹说"子龙一身都是胆也"；这里同样嵌入副主考官赵晋的姓，用以指责他胆大妄为，公然贪赃枉法。

姓名对还出现在了民国时候的考试中。1932年8月，清华大学举行新生入学考试，在国文试卷中有一题为"对对子"，上联为"孙行者"。结果一半以上考生都未对出,对出来的答案也是五花八门。有的考生对的是唐三藏、猪八戒、沙和尚,有的考生对的是赵飞燕、黄飞虎、郭沫若。当然,对得出色的也有,像王引之(清代学者)、韩退之(唐代文学家韩愈的字)、胡适之(现代学者胡适的字)、祖冲之(南朝科学家)等联,都对得相当工整。如"王引之",王为姓氏,古人称祖父为王父,与孙姓反义成对;引有退的意思,与行也是反义成对;之对者,之乎者也,都为文言虚词。再如"祖冲之",祖对孙,为反义词;冲对行,是近义词。

14. "面涅将军"狄青

什么是"面涅(niè)"呢?简单地说,就是在面部刺字。在古典小说《水浒传》里,经常写到某一好汉犯了重罪,被脸上刺字然后发配充军,如宋江、卢俊义、林冲、杨志、武松等,都"享受"过刺配的待遇。这是宋代刑罚制度的真实反映。其实在宋代,不仅罪犯要刺字,招募的士兵也都必须刺字。一般是在脸上以小字刺上军队的番号,作为一种辨别的标识。主要目的是便于控制士兵,防止士兵逃跑。

狄青(1008—1057),字汉臣,汾州西河(今山西汾阳)人。他出身贫寒,十六岁时从军入伍,按照当时制度,也在脸上刺了字。宋仁宗即位后,党项族的元昊在西北称帝,建立西夏。狄青遂被派往西北前线,这也成为他戎马生涯的起点。由于他相貌清秀俊美,就效仿北齐兰陵王高长恭,临阵作战时换一身装扮,故意披散着头发,戴着狰狞凶猛的面具,手持利刃杀入敌阵,所向披靡。西夏人都以为是天兵下凡,无不心惊胆寒。在四年时间里,狄青先后参加了二十五次大小战斗,受了八次箭伤,从没有打过败仗,成为当时罕见的常胜将

《水浒叶子》中林冲像。林冲发配到沧州监狱时被骂作"贼配军"。

军。世人都称他是"敌万",这是说狄青一人足以抵挡敌人的千军万马。

狄青因作战英勇,得到了时任陕西经略副使范仲淹的赏识。范仲淹一见到他,就惊为奇才,特地送给他一部《左传》,勉励他说:"作为一个将领,如果不知古今之事,顶多只是匹夫之勇,是不能成就大事业的。"狄青遂潜心攻读,研习历代将帅兵法,逐渐成长为一位智勇双全的高级将领。宋仁宗得知狄青的威名后,就想把狄青召回京城,亲自接见。后因前方战事紧急,不得不取消了原先的计划,便叫人给狄青画了肖像,送到朝廷来。仁宗看到其画像仪表威严,赞不绝口:"这就是我的关羽、张飞啊!"

宋、夏议和后,西北边疆基本安定,狄青升任为枢密副使。不料,西南边境再起烽烟。皇祐四年(1052年),侬智高攻占邕州(今广西南宁),改国号大南,自称仁惠皇帝,接着连破沿江九城,屡次打败官军,声势浩大。狄青主动请战,要求前去征讨侬智高。由于此前战事接连失利,士气空前低落,为了克服官兵们的畏敌心理,狄青想出了一个计策。南方民俗相信巫鬼,狄青行军路过桂林时,看到有一座大庙,便进庙祈求神灵保佑。只见他拿出一百枚铜钱,说:"此次用兵胜负难以预料,若能克敌制胜,请神灵使钱全都正面朝上!"一百枚铜钱抛向了空中,落到了地面,奇迹发生了,那一百枚铜钱竟然全部正面朝上。将士们无不欢呼雀跃,士气大振。狄青当即命令亲信用钉子将铜钱全部钉在地上,告诉士兵们等凯旋时再收回铜钱,酬谢神灵。

狄青率军到达昆仑关附近的宾州(今广西宾阳)时,正逢皇祐五年(1053年)正月十五。他在营外传令休整十天,庆祝元宵佳节。侬智高的密探只见宋军张灯结彩,开怀畅饮。第一天彻夜欢歌,第二天也是如此。不料酒至半酣时,狄青突然说身体不舒服,退席进帐,让大家继续玩乐。到了凌晨,前方忽然传来捷报:"狄元帅已经攻破昆仑关。"原来狄青使的是障眼法,故意麻痹敌人,然后乘其不备,连夜夺关。侬智高失去了昆仑关天险后拼死抵抗,狄青身先士卒,指挥骑兵从左右两侧同时直插敌阵,侬智高顿时全线溃败。狄青乘胜进攻邕州,侬智高见宋军到来,放火烧城,连夜逃走。

狄青平定了侬智高叛乱,班师回朝前,遵照前约到庙前收回铜钱。

狄青像。狄青是北宋唯一一位从行伍士兵出身而做到枢密使的武将。

其亲信将钱起出一看,原来这一百枚铜钱的两面都是正面图案。将士们这才恍然大悟,对狄青佩服得五体投地。

狄青取得平叛大捷,宋仁宗论功行赏,任命他为最高军事长官——枢密使。有一次,仁宗见他仍保留着面部的刺字,便好心劝他用药物除去。不料,狄青却谢绝了天子的好意,他说:"陛下是根据军功提拔臣下的,从不过问臣下的出身门第。臣下之所以能有今天,就是由这些刺字带来的。臣下觉得应该把刺字留着,以此激励我大宋将士。让他们知道,脸上刺字并不可耻,只要他肯英勇杀敌,就一样可以坐上枢密使的位置。"从此,大家都称狄青为"面涅将军"。

祁 毛 禹 狄
<small>qí máo yǔ dí</small>

◎ 姓氏起源

狄姓来源主要有两支。一是出自姜姓,属于以国名为姓。周成王把自己的舅舅封于狄地(今山东高青东南),建立狄国。狄国灭亡后,狄国国君后裔便以国名"狄"作为自己的姓氏。史称狄氏正宗，大唐名相狄仁杰就出于此支。二是属于以族名为姓。春秋时期，狄族主要活动于齐、鲁、晋、卫之间。其后世子孙遂以族名"狄"作为自己的姓氏。

知识拓展

为什么元稹自称是拓跋氏的后人？

元稹（zhěn）是中唐时期的著名文学家，也是白居易、刘禹锡的好朋友。他创作有文言小说《莺莺传》，后来被王实甫改编成《西厢记》。他的诗歌被称作"元和体"，有"曾经沧海难为水，除却巫山不是云""诚知此恨人人有，贫贱夫妻百事哀"等名句流传后世。据元稹自称，他的始祖是魏昭成皇帝，自己是昭成皇帝的十四世孙。那么，昭成皇帝又是谁呢？

这要从一个已从历史上消失的民族——鲜卑（xiān bēi）族说起。鲜卑是东胡族的一支，秦、汉时游牧于今西喇木伦河与洮儿河之间，依附于匈奴；东汉中后期曾建立军事行政联合体，后瓦解，一部分附属汉、魏。两晋南北朝时，有慕容、乞伏、宇文、拓跋等部族先后建立政权。尤其是拓跋部建立的北魏王朝，统治中国北方达一百四十余年，并竭力促使鲜卑人汉化。后来，内迁的鲜卑族人逐渐由游牧生活转向农耕文明，与汉族及其他民族相融合，鲜卑族就这样慢慢地退出了历史舞台。

据史书记载，鲜卑族源于黄帝一系。黄帝和嫘祖的次子叫昌意，昌意少子名悃（kǔn），受封北土，其子孙世代为鲜卑君长。拓跋氏的来源也与黄帝有关，据说黄帝以土德称王，鲜卑语称土为"拓"，称后为"跋"，故以拓跋为姓，意即黄帝的后代。西晋末年，拓跋部首领猗卢建立代国,称代王;后来由拓跋什翼犍继承代王之位。什翼犍的孙子拓跋珪即位后,改国号为魏,史称北魏,拓跋珪即北魏道武帝。拓跋珪曾追谥什翼犍为昭成皇帝。昭成皇帝就是元稹的始祖,所以,元稹的确是拓跋氏皇族的嫡系后裔。

元稹像

那么,元稹为什么不姓拓跋,而姓元呢?这和北魏孝文帝拓跋宏推行的"汉化"改革有关。孝文帝雄才大略,仰慕华夏文明,推行"汉化"政策,姓氏改革就是其中的一项重要举措。太和二十年(496年),孝文帝下诏改鲜卑复姓为单音汉姓。他以身作则,将拓跋皇室改姓为元。之所以以元为姓,是因为黄帝以土德称王,"夫土者黄中之色,万物之元也"。从此,孝文帝拓跋宏称为元宏。他又颁布诏令将同宗改姓为长孙、叔孙等,并将丘穆陵氏改姓穆、步六孤氏改姓陆、贺赖氏改姓贺、独孤氏改姓刘、贺楼氏改姓楼、忽忸(niǔ)于氏改姓于、纥奚(hé xī)氏改姓嵇、尉(yù)迟氏改姓尉,合称八姓,以上姓氏皆为北魏国姓。据统计,共有一百多个鲜卑族姓改为汉姓。在此之前,拓跋宏还颁布法令,把都城从平城(今山西大同)迁到洛阳,并把迁到洛阳的鲜卑人的籍贯,改为河南郡洛阳县,死后安葬洛阳,不得迁回平城。所以,元稹以元为姓是有其历史渊源的,他的籍贯也是河南(今河南洛阳)。

北魏孝文帝的强制性姓氏改革并不是一帆风顺的,也遭到了后世反对者的抵制。鲜卑人宇文泰是西魏政权的实际掌权者和北周王朝的奠基者,他在姓氏上采取了鲜卑化的政策。他下令恢复鲜卑旧姓,凡是改为单姓的一律改回原姓,如皇族元氏重新变为拓跋氏;刘氏重新变为独孤氏等。同时命汉族将帅改姓为鲜卑姓氏，如杨忠（隋文帝杨坚的父亲）赐姓为普六茹姓、李虎（唐高祖李渊的祖父）赐姓为大野姓等，并规定各将帅所统领的士卒都改从主将的鲜卑姓。孝文帝所改的一百多个鲜卑姓氏，到宇文泰这里又全部改了回去。"青山遮不住，毕竟东流去"，这不过是前进道路上的一段小插曲。北周末年，外戚杨坚掌权后，就结束了宇文泰的鲜卑化政策，下令将被改成鲜卑姓的汉族大臣、将领恢复为汉姓。

　　宋代出现的《百家姓》，就吸收了北魏孝文帝姓氏改革的成果。其实，不仅是《百家姓》，那些流传到现在的姓氏，不也是历代不同民族相互融合、不同文明彼此碰撞的产物吗？中华民族就是这样一步一步走过来的，实现中华民族的伟大复兴也要这样一步一步走下去。

15. 谈迁重写《国榷》

顾炎武（1613—1682）与黄宗羲、王夫之齐名，同为明末清初的思想家、学问家。当年他在写《音学五书》时，已经完工的《诗本音》二稿又被老鼠咬坏了。他便重新撰写，一点恼怒的神情都没有。有人劝他彻底消灭家中的老鼠，他却说："老鼠咬我的书稿，其实是在勉励我！要不然，写好的书稿就会搁在一边不再修改，我怎么还会五易其稿呢？"而谈迁重写《国榷（què）》的故事，与顾炎武一样体现出坚强不屈的意志、积极进取的精神和治学严谨的态度。

谈迁（1594—1658），明末清初史学家。他自幼刻苦好学，嗜书如命，人们都笑话他有书癖。天启元年（1621年），谈迁的母亲去世，他守孝在家，阅读了大量明代史书，觉得其中错误很多，有的地方还与历史事实严重不符。他决心自己动手，写出一部翔实可信的国史，传给后人。

由于家境贫寒，根本买不起书，谈迁只得四处访书借抄。他长年背着行李，带着干粮，步行百里之外去抄写史料。他还实地考察历史遗迹，每有所得就随笔记录下来。日积月累，案头上的

谈迁为编著《国榷》耗费了大量心血。

谈迁以坚毅的精神重写《国榷》。

稿子越积越厚。六年之后,他写成了史书的初稿。谈迁并没有就此止步,他以对历史负责、对后人负责的态度,对书稿反复增补、改写。经过二十六年呕心沥血的创作,前后六易其稿,谈迁终于在五十三岁时完成了一部400万字的明朝编年史——《国榷》。

面对这部可以流传千古的鸿篇巨制,谈迁的喜悦之情溢于言表。他把书稿视为生命,百般呵护,锁在竹箱里珍藏了起来。1647年,就在书稿即将付印之际,一件意想不到的事情发生了。一天深夜,一个小偷溜进谈迁的住处,看到他家一贫如洗,不禁大失所望。忽然瞧见一个加锁的竹箱,以为里面一定藏着贵重的财物,就把整个竹箱偷走了。小偷哪会想到,他偷走的不是什么金银财宝,而是一个老秀才大半生的心血。这部书稿从此下落不明。

早晨醒来,谈迁突然发现书稿不翼而飞,二十多年的心血顿时化为乌有,他感觉整个世界都塌陷了,一下子瘫倒在地,痛不欲生地说:"唉!唉!我的毕生精力都已经耗尽在这部书稿上了!"大家都认为这位老人再也站不起来了,但厄运并没有打垮谈迁,他痛哭一场之后,擦干眼泪,神色坚定地说:"我的手还在,我还能写,怎么可以就此停止呢?"他很快从痛苦中挣脱出来,下决心从头撰写这部史书。

从此,谈迁不避严寒酷暑,不管雨雪风霜,专心致志地撰写史书,为重写《国榷》而奋斗不息。有志者,事竟成。经过四年努力,他完成了新书的初稿。为了使新书稿更加完备、准确,年近六旬的谈迁特地携稿赴京。在京城的两年半时间里，他走访前朝遗老，搜集明朝旧闻，查阅官府档案，对书稿加以补充、修订。面对青灯黄卷，谈迁不顾年迈体衰，奋笔疾书，十年后，又一部《国榷》诞生了。新写的《国榷》有104卷，428万余字，比原来的内容更翔实、更丰富。谈迁的治学精神也和不朽的史书《国榷》一样，留给后人一座永恒的丰碑。

谈 宋 茅 庞
tán sòng máo páng

◎ 姓氏起源

谈姓的来源主要有两支。一是出自子姓，属于以国名为姓。微子启是商纣王的庶兄，商朝亡国后，微子启受封于宋，传三十六世有谈君，因封于谈地而得名，建立谈国，后被楚国灭亡，其子孙便以"谈"作为自己的姓氏。二是出自姬姓，属于以先祖名字为姓。春秋时期有晋国大夫籍谈，掌管文献典籍，其后人中便有以"谈"为姓的。后来，"籍"氏一支为避项籍（即项羽）的名讳而改姓为"席"，"谈"氏一支为避讳而改姓为"谭"。所以，籍、席、谈、谭姓氏虽不同，却同出一源。

知识拓展

最帅的"帅"姓是怎么来的？

如果举行一个中国最帅姓氏评选活动的话，答案一定是五花八门。其实，古代姓氏中就有一个很帅的姓——帅姓，大家知道的恐怕不多。那么，这一姓氏是怎么来的呢？

帅姓的来源与古代社会的避讳制度密切相关。在传统社会，为了

汉武帝像

维护等级制度的尊严，对于君主、尊长的名字，要避免直接说出或写出，叫作"避讳"。避讳的方法有改字法、缺笔法、空字法、换读法等。其中改字法最为常见，即用同义字或同音字来代替本字。中国历史上王朝更替频繁，帝王将相像走马灯似的轮番转换，你方唱罢我登场，这也造成了为避君主名讳而更改姓氏的现象频频上演。

避讳改姓大约起源于春秋时期，到了秦汉以后则成为定则。项羽名籍，"籍"氏为避霸王名讳而改姓为"席"；汉武帝名彻，"彻"氏为避天子名讳而改姓为"通"。汉宣帝叫刘询，"荀"氏改姓为"孙"，荀况（荀子）就变成了"孙况"；汉明帝叫刘庄，"庄"氏改姓为"严"，庄周（庄子）就变成了"严周"。汉文帝名恒，"恒"姓改为"常"姓，恒山改称常山，连月宫里的恒（姮）娥仙子也不能幸免，改名为常（嫦）娥。司马炎建立晋朝，追尊伯父司马师为景帝，姓"师"者就将自己的姓少写一横变成"帅"姓，故后世认为师、帅本是一姓。五代时王审知建闽国，称闽王，下令回避审字及其同音字，闽地沈姓与"审"同音，就去掉三点水，改成字形近似的"尤"，故民间流传尤、沈原是一家。

个别姓氏因为屡屡与帝王的名讳相同，而不得不多次改姓，其中"敬"姓可以说是改姓频率最高、改姓次数最多的。南朝梁时，侯景发动叛乱，自立为汉帝，其名"景"与"敬"发音相近，"敬"姓遂改为"文"姓。侯景垮台后，他们才得以恢复原姓。五

文彦博灌水浮球，是中国古代四大儿童益智故事之一。

代时，石敬瑭（táng）于936年建立后晋，敬姓又被迫变姓，于是把"敬"字一分为二，成为"苟""文"两个姓氏。947年，后晋为契丹所灭，敬姓不再存在避讳嫌疑，苟氏、文氏的有些后代相继改回敬姓，有些则没有恢复原姓。可惜好景不长，960年赵匡胤黄袍加身，成为北宋开国皇帝，他的祖父叫赵敬，"敬"姓只好又改回"文"姓。

一个姓氏如此改来改去，实在令人哭笑不得。北宋名臣文彦博的曾祖父文崇远（944—996）就摊上了这么件烦心事，他的家族本来姓敬，少时为避石敬瑭讳，改其氏为"文"；后汉高祖刘知远时，又复其旧氏"敬"；北宋初年，为避赵匡胤祖父赵敬名讳，又改为"文"。文崇远实在受不了这样的折磨，从此横下一条心姓文，不再提姓敬的事了。

因避讳而改姓，同因避难而改姓一样，常常与原来的本姓存在着某种联系。一般说是字的意思相同、相近，如"恒"与"常"，"彻"与"通"，"庄"与"严"，"庆"与"贺"，"玄"与"元"

等。有时是字的读音相同、相近，如唐高宗太子叫李弘，"弘"姓因避讳而改为"洪"；明崇祯帝叫朱由检，"检"姓因避讳而改为"简"等。有时还在原字上做些手脚，如"师"与"帅"，"沈"与"尤"，"敬"与"苟""文"等。这些做法都表明因避讳而改姓实在是无奈之举，改姓者依然眷恋着原有的祖传姓氏。

16. 宋濂冒雪访师

宋濂（1310—1381），字景濂，号潜溪，谥号文宪，金华潜溪（今浙江金华）人，后举家迁居到浦江（今浙江义乌）。他是元末明初的文学家、史学家，曾被明太祖朱元璋誉为"开国文臣之首"。《明史》称他是从幼年到老年，没有一天离开过书本，对学问无所不通。宋濂在其自传《白牛生传》中也说自己是天性勤劳，平生没有别的嗜好，只喜欢钻研学问。

人们常说，十月怀胎，一朝分娩（miǎn）。宋濂的母亲怀孕才七个月即生下他，因为与祖父生日相同，所以取小名叫寿。由于先天不足，他幼时经常生病，有时一连数天昏迷不醒，多亏他的母亲和祖母精心照料，才得以长大成人。六岁时，宋濂开始进私塾读书。他年纪虽小，体质也弱，读书却十分上心，而且他记忆力超强，每天能记两千字。九岁时，已经能写出很工整的诗作，他的文集中至今仍保留着当时所写的《兰花篇》，当地人都称他为"神童"。

宋濂小时候家境贫寒，常常是吃了上顿没下顿，根本没有多余的钱买书。但他求知欲很强，酷爱读书，为了不增加家里的负担，常常向有书的人家去借。宋濂深感借书的不易，因此对借来的书格外珍惜。每本书都用纸张包好，整理得干干净净，从来不

宋濂画像。刘基称宋濂为"当今文章第一"。

会折叠书页,更不会在书上乱写乱涂。他还特别讲信用,每次都能在规定的时间内将书归还给主人,不敢超过约好的期限。由于宋濂能做到爱护书籍,按时还书,大家也都乐意将书借给他。所以,尽管家中经济条件十分窘迫,他还是有机会读到各种各样的书。

宋濂不仅养成了良好的借书习惯,更养成了良好的读书习惯。书借来后,他就捧着书本如饥似渴地读起来。如果是还书期限很紧的话,宋濂便会废寝忘食、加班加点,把整本书抄录下来,等到以后再细细咀嚼、慢慢消化。有时天气非常寒冷,连砚台里的墨汁都凝结成冰,手指也冻得僵了,他就搓一搓手、跺一跺脚,继续伏案疾书,不敢有丝毫懈怠。

成年以后,宋濂读书更加勤奋,却苦于没有名师指点。于是,他常常步行一百多里路,去向学识渊博的前辈请教。这位前辈德高望重,前来求学的弟子络绎不绝。同时他脾气大,要求严,教育学生从不和风细雨,而是疾言厉色。宋濂恭恭敬敬地侍立在他旁边,提出疑问,探询道理,弯下腰来侧耳倾听。有时遭到他的训斥,宋濂表情愈加谦顺,礼节更为周到,一句话也不敢分辩。等到那位前辈心情好了,又继续请教,直到把问题彻底弄明白为止。在闻人梦吉、吴莱、柳贯等名师的严格教导下,宋濂在青年时期就已崭露头角。

宋濂的求学访师之路是非常艰辛的。由于他平日要参加农业劳动,一般只有冬日农闲之时才有可能出门访学。每当这时候,宋濂就穿上草鞋,背上书箱,顶着凛冽的寒风,踏着厚厚的积雪,在深山大谷中

宋濂访师。

艰难跋涉。皮肤冻裂了，脚趾冻伤了，也感觉不到。等好不容易赶到学舍，四肢已冻到麻木僵硬，几乎不能动弹。有人赶紧端来热水给他擦手暖脚，拿来被子给他围盖身上，过了很久他才暖和过来。和宋濂一起求学的有很多富贵子弟，他们餐餐都是山珍海味，宋濂一日两顿粗茶淡饭；他们衣着华丽高贵，浑身珠光宝气，宋濂身穿一件棉袍，破旧不堪。面对这样的生活，宋濂不以为苦，也不以为耻，因为他从读书求学中体会到了精神的愉悦和心灵的充实，这是用任何物质都换不来，任何金钱都买不到的。

多年后，正在太学读书的同乡晚辈马君则，前来拜访功成名就的宋濂。宋濂从这个青年人身上似乎看到了自己当年的影子，便写了一篇《送东阳马生序》，向他谈起了自己求学从师的艰难经历，勉励他要珍惜太学的优越条件，专心治学。马君则聆听了宋濂的教诲后，学习更加勤奋。那么，小朋友们从宋濂求学的故事中有没有获得什么启示呢？

tán sòng máo páng
谈 宋 茅 庞

◎ **姓氏起源**

宋姓来源主要有两个。一是出自子姓，属于以国名为姓。微子启为商王帝乙的长子，商纣王帝辛的庶兄。周公旦平定武庚叛乱之后，封微子启于宋地，建立宋国，都商丘（今河南商丘南），以奉守商人宗祀。前286年，宋国被齐国所灭，其子孙遂以国名"宋"作为自己的姓氏。二是出自姬姓，属于以先祖名字为姓。公子姬宋字子公，是春秋时期郑国贵族，其后裔子孙有以先祖之名"宋"为姓氏者。一天，公子宋去拜见郑灵公，忽然食指大动，以为必能吃到美味。果然看到灵公正命人杀大鳖做汤，不由得喜形于色。谁知鳖汤做好后，偏偏没有公子宋的那一份。公子宋恼羞成怒，后来为报未赐鳖汤之仇而杀了郑灵公。

知识拓展

南郭先生是不是齐国人?

大家都听说过滥竽充数这个故事吧?齐宣王喜欢听吹竽,又爱摆排场,他手下吹竽的乐队就有三百人。每次听吹竽的时候,总是叫这三百人一齐演奏给他听。有个南郭先生,从来不会吹竽,也趁机混了进去。每当演奏时,他就鼓着腮帮子,按着竽眼儿,装模作样地在那吹,居然也得到了丰厚的薪水。宣王死后,他的儿子齐湣王继承了王位。湣王也喜欢听吹竽,但他喜欢听独奏。南郭先生思来想去,觉得再也不能蒙混过关,便连夜卷好铺盖走人。

这个故事出自《韩非子》,书里并没有明说南郭先生为齐国人,实际上他是不是齐国人也不太重要,毕竟这只是篇寓言故事而已。值得注意的是,《左传》中出现过南郭偃、南郭且于两位南郭先生,倒都是货真价实的齐国人。不仅如此,东郭垂、西郭最、北郭骚等先秦人物,也都是齐国人。这并不奇怪,因为这四个姓氏本身就源自齐国。春秋时,齐国公族(国君同族)大夫分别居住在东郭、南郭、西郭、北郭。古代内城叫城,外城叫郭,郭是在城的外围加筑的一道城墙,即孟子所说的"三里之城,七里之郭"。这"四郭"后来都成了姓氏。

这种得姓方式,可以称作是以居住地为姓。它的历史相当悠久,一些很古老的"姓"即来源于此。在部族同盟时代,少典氏娶有蟜(jiǎo)氏的女子为妻,生下炎帝、黄帝。炎帝居住在姜水(今陕西关中清姜河)附近,故以姜为姓;黄帝居住在姬水(今陕西关中漆水河)附近,故以姬为姓。黄帝去世后,葬于桥山(今陕西黄陵),他的后代子孙在当地定居,遂以桥为姓。黄帝的后裔舜出生于姚墟(今河南濮阳南),即以姚为姓。舜未做天子之前,帝尧把两个女儿娥皇、女英嫁给他,命他们居住在妫汭(guī ruì,妫水拐弯之处,今山西永济南），舜的后代遂以祖先的居住地为姓，是为妫姓。"妫"与"姬""姜"均为上古八姓之一。

到了夏、商、周三代，实行分国赐地、采邑封地的宗法制度，于是，从国名、邑名中派生出大量的姓氏，如宋姓的一支就属于以国名为姓。以居住地为姓与以国名为姓、以邑名为姓有所不同，正如郑樵《通志·氏族略》所指出的："有封土者，以封土命氏；无封土者，以地居命氏。"同时，还要看到当时是"贵者有氏，贱者无氏"，因此并不是所有无封土者都享有这一特权，只有那些"善恶显著，族类繁盛"而不得授氏者，才拥有以居住地为姓的资格。

在以居住地为姓的姓氏中，复姓很多，一般都带有宫、门、里、闾（lǘ）、郭、丘、野等字，用以标识各自的居住地点和环境特征。"宫"是古代对房屋、居室的通称，秦、汉以后才特指帝王的住所。齐国太子得臣，因为住在东宫，遂用东宫作为自己的姓氏；孔子的弟子、鲁国人南宫适（kuò），因为住在南宫，遂用南宫作为自己的姓氏；诸侯子弟有居西宫者，遂称西宫氏；卫成公的曾孙姬括，为卫国上卿，居于北宫，遂称北宫氏。"门"为建筑物的出入口，这里特指城门。鲁庄公的儿子名遂，字襄仲，住在国都的东门附近，人称东门襄仲，其后代便以东门为氏；郑国有个大夫居于国都的西门附近，其后代便以西门为氏；另有南门氏、北门氏，也都是以居所为姓氏。

再如"里"，古代为民众

齐宣王像

聚居之所，一般以二十五家为一里。郑国政治家子产居住在东里，他的子孙就以东里为姓。"闾"，古代为里巷的大门，亦代指里巷。居于东闾者，称东闾氏；居于西闾者，称西闾氏。古时有个人叫东闾子，曾经富贵无比，后来却沦为乞丐。有人问他怎么落到这般田地。他回答说："我出任宰相六七年，从没有举荐过一个人；我拥有上千万财富，从没有救济过一个人。我今天沦落如此，那是自作自受啊！"

17. 董奉杏林春暖

"杏林",一个充满诗情画意的名字,国人常常将它作为中医药行业的代名词,医家也每每以"杏林中人"自居,"杏林春暖""誉满杏林"更是用来赞扬医生医术高明和医德高尚。那么,"杏林"一词究竟是怎么来的呢?

三国时期,吴国有一位名医叫董奉。他出生在侯官县董墘(qián)村,就是现在的福建省长乐市古槐镇青山村。村后有一座大山,后人为纪念董奉,称之为董奉山,山上还保存着"汉董奉炼丹处"的古迹。董奉少时在家乡做小吏,后在交州(今广东、广西、越南北部一带)行医救世。他有妙手回春之术,名噪一时,被尊为"医仙",与华佗、张仲景并称"建安三神医"。

董奉不仅医术高明,什么疑难杂症都能手到病除,而且有高尚的职业操守,天天给老百姓治病,却不取分文。每当治愈的病人向他道谢时,董奉就让他们在他居住的山坡上种植杏树,他说杏树全身都是宝,种杏树可以造福后代。董奉还规定:病重者痊愈后,要栽五棵杏树;病轻者治好后,则需栽一棵。由于远近患者纷纷前来求治,数年之间就种植了十万多棵杏树,形成了一大片浓密茂盛的杏林。他还让山里的百禽群兽在林中嬉戏,替他掌管杏林。杏树下不生杂草,像是有人专门整理过一样。

杏子成熟了,枝头上挂满了累累硕果。董奉又在杏林里搭建了一座简易仓房,并贴出告示:"凡前来买杏者,不必禀告主人。只要拿一筐谷子倒进仓房,就可以带走一筐杏子。"有一天,一个人拿了很少的谷子,却装了很多的杏子。这时,杏林里的老虎突然吼叫着追赶出来,那人吓得屁滚尿流落荒而逃,杏子丢了一地也顾不上去捡。回到家中核算一下，剩下的杏正好是他应拿的数量。有时，还有人到杏林偷杏，老虎就一直追到偷杏人的家中，把他咬死。死者的家人知道是因为偷杏引起的，就原封不动地把杏奉还给董奉，并且磕头认罪，董奉则设法让死者复活。董奉将这些杏子全部都换成了谷物，用来救济那些受苦受难的老百姓和缺少盘缠的赶路人，一年能散发出去两万斛粮食。"虎守杏林"的故事，带有明显的神话色彩，却真切地反映了人们对董奉的热爱与敬仰之情。

　　据说，那只守卫杏林的老虎也受到过董奉的救助。有一天，董奉看到一只老虎卧在路旁的草丛里，痛苦异常，并抬起前爪指向口中，好像是向人求救。董奉明白了老虎的意思，便让老虎张开嘴巴，只见一个骨鲠（gěng）深深地扎入了它的咽喉。董奉轻抚虎首，嘱咐老虎明早在原地等候医治，老虎颔（hàn）首离去。回到家中，董奉连夜赶制了一个铜环。第二天，董奉便将铜环放进虎口，撑住老虎的上下颚，顺利地取出卡在喉咙的骨头，并在伤口上抹上药膏。为了报答董奉的救治之恩，老虎从此尽职尽责地守护着杏林。

　　董奉"虎口取鲠"的故事渐渐流传开来，游乡郎中们也纷纷效

董奉给老虎治伤。

仿，铜环便成了他们行走江湖的护身符。后来，铜环被改造成手摇的响器，称为"虎撑""虎衔"或"串铃""报君知"。每到一处，郎中就手持虎撑走街串巷，边晃边行，一听到虎撑的声音，附近的人家就知道看病卖药的来了。所以，摇铃唤诊又被称为"虎撑聆医"。

从此，董奉的"杏林"佳话不仅成为医界的千古美谈，而且成为历代医家效法的榜样。唐代的谢景先在董奉杏林故地建立草堂，为百姓治病。明代名医郭东在自己所居的山下，种杏千余株长成杏林。苏州名医郑钦谕于庭院内设立杏圃，所得馈赠皆拿去接济贫民。想不到吧，"杏林"这一名字背后还有这么多美丽动人的传说呢。

项 祝 董 梁
xiàng zhù dǒng liáng

◎ **姓氏起源**

董姓的来源主要有两个。其中一支起源很早，出自己姓。相传黄帝的裔孙叔安被封于飂（liú）国（今湖北襄阳一带），称为飂叔安。叔安的儿子名董父，给大舜驯养龙，被舜任命为豢（huàn）龙氏，封在鬷（zōng）川（今山东定陶北），并赐姓为董，他的后代便以"董"为姓。与此支源于舜帝赐姓不同，董姓的另一支则是以官职为姓，出自姬姓。春秋时期，周朝大夫辛有的两个儿子，在晋国任职，董督（考察收藏）晋国的典籍史册，其子孙世袭晋国史官，遂以官职为姓，即为董姓。

知识拓展

郑成功为什么被称为"国姓爷"?

民族英雄郑成功,原名郑森,号大木。南明隆武元年(1645年),二十一岁的郑森到福州去拜谒隆武帝朱聿键,隆武帝很赏识年轻有为的郑森,赐国姓"朱",并改名为"成功"。当时,能够得到皇帝赐予国姓是一种特殊的荣耀,因此,朝野上下都尊称他为"国姓爷"。这也反映了历史上因受赐而改姓的真实情形。

赐姓是天子帝王授予有功之臣的精神嘉奖,也是统治者维系政权、巩固统治的手段。赐姓可分为两种。一种是在原本没有这一姓氏的情况下,通过天子的赏赐、册封而产生的,它主要形成于上古时期及夏、商、周三代。董姓中的董父一支就可归于此类,董父同时还是豢龙氏的得姓始祖。《左传》中有一人名叫刘累,他与董父关系相当密切,刘累曾向豢龙氏董父学习扰龙之术,因御龙有功,夏朝君王孔甲便赐他为御龙氏。此处的龙,有两种说法,一是指高大的马,一是指鳄鱼。豢是喂养,扰是驯服,御是驾驭。豢龙、扰龙、御龙这三个复姓均是天子所赐而得到的新姓氏。

赐姓的另一种情况是统治者出于个人意志,将臣下原来的姓换成另外一个姓,新换的姓实际上早已存在。这种赐姓制度是在封建专制国家建立后兴起、盛行的。

李勣像

最常见的方式便是当朝皇帝把自己的姓赐给臣下，即"赐国姓"。唐代初年，李渊父子曾将十六家异姓功臣赐国姓为李。其中英国公李勣（jì），本姓徐，名世勣，他就是隋唐英雄故事中徐茂公的原型。他的孙子李敬业曾举起义旗，讨伐武则天，武则天因此剥夺了李敬业"国姓"的资格，恢复其本姓徐氏。唐末，北方少数民族沙陀部的首领朱邪（yé）赤心，因镇压农民起义有功而被赐以国姓，改名李国昌，他的后代就一直沿用李姓。五代时期，李国昌的孙子李存勖（xù）还利用这个"李"姓登上帝位，建国号为唐，史称后唐，李存勖就是后唐庄宗。李姓人口众多，和李唐王朝赐姓多、改姓多有一定关系。

历朝皇帝赐姓，并不只限于国姓。如充满爱意的爱姓，就源于赐姓。唐武宗时，一些回鹘（hú）首领前来朝拜大唐，国相爱邪勿（音译）也随行而至。为了表示对他们的宠爱，唐武宗赐首领以国姓，名思忠、思贞等；赐国相姓爱，名弘顺。另一个充满悲哀意味的哀姓，也被皇上予以改换。哀愉，为汉哀帝后裔，在南唐做官，皇帝嫌哀字在庆贺时不吉利，赐哀愉姓衷。西汉时，匈奴休屠王的太子金日磾（mì dī）归附汉朝，深得汉武帝的宠信。汉武帝因获休屠王祭天金人，故赐其姓为金。金日磾家族自武帝始，七世皆为内侍，与大臣张汤的家族并称"金张"，成为功臣世族的代称。明代有个太监姓马，小名三宝，因追随燕王朱棣参加"靖难之役"有功，被赐姓郑，他就是七下西洋的郑和。

18. 贾逵隔篱偷学

如果论历史上的贾姓名人，西汉初年的杰出思想家、文学家贾谊（前200—前168）应首屈一指，他才调绝伦，被誉为是"汉代精神之源泉"，可惜英年早逝，世称"贾生"。在贾生去世近二百年后，其家族又诞生了一位著名的经学家贾逵（30—101）。他一生笔耕不辍，著作等身，写下上百万的文字，当时的学者都很崇拜他，后世也称他为"通儒"。

那么，贾逵的学问又是怎么来的呢？

据说，贾逵五岁的时候，就聪慧过人。他的姐姐是韩瑶的妻子，因为出嫁以后没有孩子，被休回娘家居住，她以坚贞贤明而被世人称颂。他们邻居家设有学堂，整日书声琅琅，姐姐每天都抱着贾逵隔着篱笆墙来听讲。幼小的贾逵竟然不哭不闹，安静地听学生读书，默默地记在心间，姐姐为此十分高兴。

到十岁时，贾逵就能默诵儒家六经了。姐姐感到很奇怪，于是问他说："我们家生活贫困，未曾有教书先生进入家门，你是怎么知道天下有这些古籍，并且背诵得一句不差的呢？"贾逵回答说："以前姐姐抱我在篱笆间听邻家读书，现在还一句不漏地全记得。"

由于家境贫寒，没钱买书，贾逵就剥下庭院中桑树的外皮作

贾逵与马融、许慎、郑玄并称为"贾马许郑"。

为书板，有时还把字写在家中的门扇或屏风上，就这样一边诵读一边记忆。一年的功夫，便通晓了全部经书的文义。在贾逵居住的里巷中，每当人们看到他刻苦读书的身影时，都称赞他是自古以来无与伦比的好学之人。

贾逵不仅发奋好学，而且善于思考、勤于发问。他自幼时起即埋头在书堆里，很少与外界交往，年长后也不太精通人情世故。但他秉承"知之为知之，不知为不知"的圣训，每件事都要打破砂锅问到底。由于他身长八尺二寸，一些儒生便给他起个了绰号叫"问事不休贾长头"。"长头"并不是说贾逵脑袋很长，而是指他身材高大，这句话的意思是讲贾逵虽然个头很高，却喜欢问这问那，而且问个没完没了。

经过这样的刻苦攻读，贾逵终于以博学多识而闻名于世。为了维持生计，他开始设帐授徒，讲解儒经，许多学生慕名而来向他求教，一时间门徒云集。很多人不远万里，长途跋涉，甚至背着幼儿，住到他家附近。贾逵讲课时尽心尽力，向学生一一传授经文，循循善诱，诲人不倦。学生们往往以粮食作为酬劳，以至于积攒的谷米常常堆满了贾逵家的粮仓。

有人说："贾逵的粮食不是靠辛苦耕作的体力劳动得到的，而是靠讲诵经文讲得口干舌燥得到的，这就是世人所说的以舌代耕啊。""舌耕"这一典故就来源于此，意思是说以口舌来谋生，主要指代教书和说书。

贾 路 娄 危
jiǎ lù lóu wēi

◎ 姓氏起源

贾姓的来源主要有两个。一是出自姬姓，属于以国名为姓。周康王把唐叔虞的小儿子公明封于贾（今山西临汾一带），建立贾国，为周王朝的附庸小国。后来贾国被晋国所灭，公明的后代遂以原国名

"贾"作为自己的姓氏。二也是出自姬姓，属于以邑名为姓。晋灭贾之后，贾地成为晋国的一个城邑。晋文公重耳又把自己舅舅狐偃的儿子狐射（yè）姑封到贾邑，称为贾季。贾季的后代就以邑名"贾"作为自己的姓氏。值得一说的是，上文中的主人公贾逵字景伯，为扶风郡平陵（今陕西咸阳西北）人；在三国曹魏时期又出了一位贾逵，他字梁道，为河东襄陵（今山西襄汾）人，是曹魏重要将领。这位贾逵的儿子名叫贾充，贾充的女儿就是晋惠帝的皇后贾南风。

知识拓展

堂号：同姓族群的共同徽号

有这样一副对联："至言堂、孝友堂、维则堂，堂堂播誉；长乐郡、武威郡、洛阳郡，郡郡传名。"大家能猜出这副对联和哪个姓氏有关吗？猜不出也没关系，因为这里涉及中华传统姓氏文化的三个关键词，大家可能还比较陌生。这种对联形式，叫作"堂联"。上联中的"至言堂、孝友堂、维则堂"，称为"堂号"；下联中的"长乐郡、武威郡、洛阳郡"，称为"郡望"。这些堂号和郡望均与贾姓有关。"堂联""郡望"以后都会讲到，这里先说说"堂号"。

中国古代社会每个姓氏、每个宗族、每个家族，都有自己的堂号。堂号，本来是厅堂、居室的名称，后来演变为家族门户的代称。因为古代同姓族人多聚族而居，数世同堂，堂号遂成为同姓族群的共同徽号。同姓族人为了祭祀供奉共同的祖先，通常会在宗祠、家庙的匾额上题写堂名堂号，因此它又有了祠堂名号的含义，是表明一个家族源流世系、区分族属支派的标记。

从堂号的命名来源看，大致可以分为以下几类：

以姓氏郡望为堂号。这类堂号最为普遍，往往与姓氏的地望有关，有的是姓氏的发祥之地，有的是名门巨族的郡望所在。如贾氏的"武威堂"、赵氏的"天水堂"、陈氏的"颍川堂"、柳氏的"河东堂"、林氏的"西河堂"等，过去都是世人皆知的"郡望"，一看堂号，便能区分出各路姓氏。有的姓氏堂号

福建上杭李氏大宗祠陇西堂。天下李姓，根在鹿邑，望出陇西，派分上杭。

很多，不同的堂号便起到了厘清源流、辨别支派的作用。如王氏有"太原堂""琅琊堂""东海堂"等之别，刘氏有"彭城堂""中山堂""河间堂"等之分。

以祖上的嘉言懿行为堂号。如贾氏的"至言堂"，出自西汉政论家贾山，他以秦朝的灭亡为例，阐述治乱之道，其文题为《至言》。又如弘农杨氏有"四知堂""清白堂"，即是以杨震的美德作为堂号，这在"杨震暮夜却金"的故事中已经提到。再如周氏有"爱莲堂""光霁（jì）堂"，这是因为北宋理学家周敦颐作有《爱莲说》，赞美莲花"出淤泥而不染"的品格，黄庭坚又推崇其人"如光霁月"。

以先世的丰功伟绩为堂号。东汉名将马援的故事前面已经讲过，他因功被封为伏波将军，马氏后人便将"伏波堂"作为堂号。唐代大将郭子仪，平定安史之乱，智退吐蕃（bō）、回纥（hé），为维护李唐统一做出了极大贡献，被封为汾阳郡王，郭氏后裔多以"汾阳堂"为堂号。这一类堂号和上一类堂号，都以彰扬祖先的功业道德为主，是对某一姓氏家族特色的高度概括。

以传统的伦理规范为堂号。这类堂号也比较常见，往往起着教化族人、教育子孙的作用。任氏有"五知堂"，出自北宋时的任布，乃"知恩、知道、知命、知足、知幸"之意。张氏有"百忍堂"，出自郓

州寿张人张公艺,九世同居,合家九百人,唐高宗问其和睦相处之道,他在纸上连写一百个"忍"字,道出其中诀窍。

上述堂号,起到了区分姓氏的作用。还有一些堂号则没有明显的姓氏特征,为多个姓氏所共有。据《上海图书馆馆藏家谱提要》所附"堂号索引"统计,"敦本堂"有六十多个姓氏使用,"敦睦堂""录思堂"有四十多个姓氏使用,"敦伦堂""世德堂""崇本堂"有三十多个姓氏使用。

堂号不仅悬挂在宅院厅堂、宗祠家庙的匾额上,而且用于族谱家谱的封面、义塾店铺的字号上,甚至在灯笼、钱袋、秤杆、车轿等日常生活器具上,也常常题写"某某堂""某某堂记"的标识。所以说,堂号既具有深厚的人文内涵,也具有重要的实际用途。

19. 娄师德唾面自干

娄师德（630—699），字宗仁，郑州原武（今河南原阳）人，武则天统治时的宰相、名将。如果对他了解不多的话，不妨先看一副对联："文武全才，不惟八战八克；汪洋大量，亦且能忍能容。"这副对联经常挂在娄姓祠堂中，高度概括了娄师德的主要功业和为人品格。上联是讲朝廷招募猛士征讨吐蕃，身为文官的娄师德佩戴红色头巾（此为勇士装扮）前去应募，曾与吐蕃大战于白水涧，他指挥有方，八战八捷。由此可以看出，娄师德文武兼备，智勇双全。下联是说娄师德心胸宽阔，就像无边无际的汪洋大海一样。他对任何事都是拿得起，想得开，放得下；对任何人都是能忍耐，能宽容，能谦让。

那么，娄师德真的是像对联上所说的那样"能忍能容"吗？

据史书记载，娄师德身长八尺，为人宽厚，肚量大，能容人。他当了宰相以后，对同僚更是谦让有加。即使有人顶撞冒犯了他，他也毫不计较，更不会显露出恼怒的神色。有一次，娄师德与李昭德一同入朝，他因身体肥胖而行走缓慢，李昭德好几次停下来等他，他还是赶不上。几次三番，弄得李昭德很不耐烦，便有些生气地说："走这么慢，都是被你这个乡巴佬拖累的！"娄师德听了，既不发火，也不反击，只是微笑着回答道："我可不就是个乡巴佬嘛，如果我不做

娄师德画像

乡巴佬，又有谁做呢？"娄师德平和的心态，使李昭德哭笑不得，没了脾气。

后来，娄师德的弟弟被任命为代州刺史，上任之前，向他辞行。娄师德说："我本来毫无才能，现在位居宰相；如今你又身为地方长官，侥幸占据高位。我们得到的恩宠实在太多了，这正是别人羡慕嫉恨的。那么，你将如何保全自己、避免灾祸呢？"弟弟跪在地上说："今后即使有人把唾沫吐到我脸上，我也不回嘴，把唾沫擦掉就是了。我以此自勉，希望不会使哥哥担忧。"娄师德神色忧虑地说："这正是我所担忧的！人家拿唾沫唾你脸上，是因为对你生气发怒；你擦掉唾沫，便违背了人家的意愿，反而会加重人家的怒气。唾沫不擦拭也会自己干掉的，所以最好的方法应当是笑而承受。"这就是成语"唾面自干"的来历。这个成语现在常用来比喻忍受侮辱而不与人计较。

娄师德的宽宏大度，还曾使名相狄仁杰感到汗颜、自责。狄仁杰当宰相之前，娄师德曾在武则天面前竭力推荐他，狄仁杰对此事一无所知。等到两人同居宰辅之列，狄仁杰却认为娄师德不过是个普通武将，很瞧不起他，甚至想排挤他到外地去任职。武则天察觉后，便问狄仁杰："你现在当了宰相，知道凭借的是什么吗？"他回答说："我凭借文章出色和品行端正而受到重用。"过了好久，武则天才说："我以前一点也不了解你，你之所以能受到重用，其实全是娄师德的功劳。"狄仁杰听到这里，羞愧难当，引咎自责。他深有感触地说："娄

荷兰学者高罗佩《大唐狄公案》中的狄仁杰。

公不遗余力地举荐我,却从未在我面前流露出一丝夸耀的神色。我没想到自己那样和娄公过不去,他竟然还有如此的海量包容我。我跟娄公相比,差得太远了!"

俗话说:"将军额上好跑马,宰相肚里能乘船。"娄师德出将入相三十余年,忠厚待人,谨慎行事,勇于其所当勇,忍于其所当忍,才在武周时代酷吏横行的血雨腥风中,保全了身家性命。

贾 路 娄 危
（jiǎ lù lóu wēi）

◎ 姓氏起源

娄姓的来源主要有两支。一是出自姒(sì)姓,属于以邑名为姓。周武王灭商后,追封先代遗民。夏禹的后代东楼公被封到杞(今河南杞县一带),建立杞国。春秋时期,杞国被楚国所灭,周天子又将杞国国君后裔改封食邑于娄(今山东诸城西南)。杞国国君后代就以邑为姓,称"娄"姓,并尊东楼公为其得姓始祖。二是出自姬姓,属于以国名为姓。颛顼(zhuān xū)帝玄孙陆终第五子名安,被大禹赐姓曹。周武王时封安的后裔挟于邾(今山东邹城),建立邾国,又称邾娄国,成为鲁国的附庸国,后来又分立为邾国、小邾国、滥国,史称"邾分三国"。鲁国国君鲁穆公曾改邾国为邹国,成为一个较为独立的小国。邹国被楚国灭亡后,楚宣王将其王室成员迁到邾城(今湖北黄冈),而其他成员则迁往齐、鲁等国。失国后的邾国、小邾(倪)国和滥国等国王族及其子民中,多以国名为姓氏,分称娄姓、朱姓、倪姓、滥姓、邹姓、驺姓、曹姓等,以念故国之情,世代相传至今。

知识拓展

堂联：家族姓氏的专利证明

与堂号密切相关的姓氏文化载体是堂联。所谓堂联，就是以楹联的形式对家族堂号进行补充说明，亦称祠联、家联。一般题写、镌刻于宗祠、家庙或住宅正厅的大门两旁。堂联以艺术化的手法来描述某一特定姓氏的历史渊源，彰显家族先世的光辉业绩，表达对列祖列宗的深切怀念等。

堂联与一般的对联有所区别，它具有约定俗成的专利权与唯一性。也就是说，每一姓氏都有其专属的堂联，每一堂联也都有其特定的人文内涵，只限于具体姓氏专用，使人一见即识、一听便知。比如，上文提到的"文武全才，不惟八战八克；汪洋大量，亦且能忍能容"就是一副堂联，它只属于娄姓，其他姓氏都不能使用。堂联用错了，就会闹出天大的笑话，既愧对列祖列宗，也对不起子孙后代。堂联的文化内涵，可以概括为三点：

舜帝像

首先表现为追溯宗族历史的"寻根联"。"寻根联"主要是追寻本支世系的开基之祖与发祥之地，有时也涉及支派之名与郡望所在。这类堂联最为普通，几乎在每个姓氏祖祠中都可见到，而且置于最为醒目的地方。以此提醒后人勿忘故土祖根，要了解宗族成长、发展的来龙去脉。如杨姓堂联："系承尚父；望出弘农。"上联

湖南衡阳柘里村爱莲堂。堂联"百代绝学之倡"指周敦颐，"千古忠义之首"指周洪。

指此支杨姓的开基之祖为周宣王的少子尚父；下联指杨氏的郡望出自弘农。再如陈姓堂联："蒲坂肇基源流远；颍川分脉世泽长。"相传舜的都城在蒲坂，而东汉的陈寔（shí）被尊为颍川始祖。因此，上联是说陈姓先祖可以追溯到舜帝，源远流长；下联是说颍川一脉由陈寔开启，祖泽绵延。

其次表现为铭记先祖功业的"史迹联"。"史迹联"记述了该姓氏的历史渊源、家族名人的道德文章及文治武功，使后人永远牢记祖先的丰功伟绩和光荣历史。这类堂联数量最多，也最能显示出姓氏的家族特色，每一联的背后都蕴含着一个动人的故事。如冯姓堂联："让功美德；弹铗（jiá，剑）高风。"上联的典故出自《后汉书·冯异传》，东汉大将冯异为人谦逊，当时诸将喜欢坐在一起评功摆好，他却经常退避树下，谦让军功，军中号为"大树将军"。下联的典故出自《战国策》，冯谖（xuān）为齐国公子孟尝君的门客，曾经三次弹铗而歌，要求提高自己的物质待遇，孟尝君均一一满足。冯谖后来到薛地收取债务，却将债券焚烧一空，替孟尝君收揽民心。再如"鳣堂集庆；雀馆开祥"显然是杨姓堂联，上句指杨震，下句指杨宝；"爱莲世泽；

细柳家声"自然为周姓堂联,上句指周敦颐,下句指周亚夫。诸如此类,不胜枚举。

最后表现为激励后人上进的"劝勉联"。"劝勉联"往往教导子孙爱国爱族、敬职敬业,耕读为本、诗礼传家,踏实做事、低调做人等等,告诫他们要珍惜家族声望,弘扬优良家风。这类堂联最富于教育意义,传达出的大多是积极向上的正能量。如福建永定林氏振成楼堂联:"振作那有时,少时、壮时、年老时,时时须努力;成名非易事,家事、国事、天下事,事事要关心。"再如山西祁县乔家大院祠堂堂联:"百年燕翼惟修德;万里鹏程在读书。"

堂联与堂号一样,均为中国姓氏文化的有机组成部分,它们不仅是弘扬祖德、敦宗睦族的符号标志,也是探本溯源的寻根意识与慎终追远的祖先崇拜的体现。大家还等什么呢?赶快行动起来,去收集自己姓氏的堂号、堂联吧,来寻找一下自己的姓氏之根、家族之魂。

20. 颜杲卿断舌骂贼

"渔阳鼙（pí）鼓动地来，惊破霓裳羽衣曲"，正当唐玄宗、杨贵妃沉湎于纸醉金迷的歌舞升平时，安禄山已从范阳（今北京）起兵，长驱直入，浩浩荡荡地杀向京城。叛军铁蹄所到之处，各地官吏望风披靡，不是弃城逃窜，就是开门投降，大唐江山风雨飘摇。在这个危急时刻，首先给安禄山叛军以沉重打击的是常山（今河北正定）太守颜杲（gǎo）卿。

颜杲卿本来是安禄山的部下，曾在范阳做户曹参军。他为官清廉，深得民心，时任范阳节度使的安禄山就向朝廷推荐，任命颜杲卿为常山太守。当叛军引兵南下时，颜杲卿知道自己无力抵抗，便与手下的官员袁履谦出城假意迎接。安禄山仍旧让他担任常山太守，以示信任。

在安禄山渡过黄河，攻下洛阳之后，颜杲卿决定举起讨伐叛军的义旗。他的堂弟平原（今山东平原）太守颜真卿也招募了一万多人马，派人跟颜杲卿联络，要他攻占井陉（xíng）关，切断安禄山的归路，拖住叛军西进的步伐。颜杲卿假传安禄山的命令，要井陉关的叛军将领到常山领赏。他派袁履谦等人带着美酒佳肴去慰劳，将叛将灌醉、杀死，

颜杲卿像

占领了井陉关。接着,颜杲卿派人分头到各地,去联络其他郡县共同讨伐叛军,诸郡纷纷响应。黄河以北二十四个郡当中,有十七个郡宣布效忠朝廷。一时间声势大振,给叛军的后方造成严重威胁。

安禄山听到这一消息,寝食难安,便派大将史思明、蔡希德率领精锐部队,兵分两路攻打常山。叛军将常山围得水泄不通,颜杲卿带领城中军民拼死抵抗。箭矢用完了,粮食吃光了,井水也枯竭了,六天后城池陷落,颜杲卿和袁履谦被叛军抓住。为了逼迫颜杲卿投降,叛军把刀架在他的小儿子颜季明的脖子上,威胁说:"如果你投降的话,就让你儿子活命。"但颜杲卿拒不投降,于是叛军就把颜季明和颜杲卿的外甥卢逖(tì)一起杀害了。

颜杲卿被押送到洛阳,交给安禄山亲自发落。安禄山命令士兵把颜杲卿押到大堂上,责问道:"你本来只是个范阳小官,我把你提拔为太守,我有什么地方亏待了你,你竟然敢背叛我?"杲卿怒目而视对答道:"你原来不过是营州一个牧羊的羯(jié)族奴隶而已,因为窃取皇帝的恩宠,才做了三镇节度使。天子有什么事亏待了你,你竟反叛朝廷?我们颜家世世代代为大唐忠臣,永远坚守忠义,恨

颜杲卿怒斥安禄山。

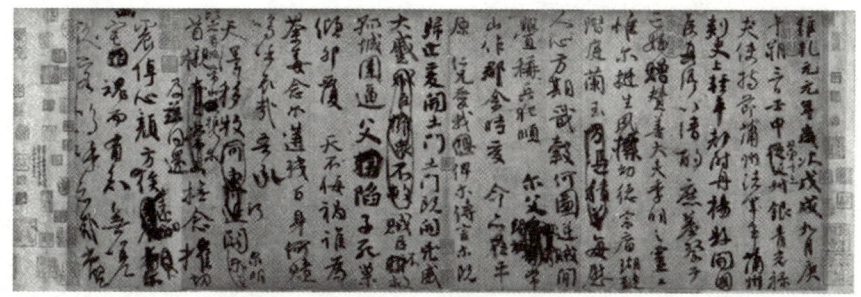

《祭侄文稿》与《兰亭集序》《黄州寒食帖》并称为"天下三大行书"。

不能立刻杀掉你报答皇上，怎么能跟着你造反呢？你要杀便杀，何必多言！"

安禄山怒不可遏，让士兵把颜杲卿绑在天津桥石柱上，要肢解他，还说要吃他的肉。颜杲卿大义凛然，仍然痛骂安禄山忘恩负义。刽子手用铁钩钩断了他的舌头，问他："你还能骂人吗？"他还是骂不绝口，只是声音含含糊糊，听不清楚。最后安禄山命令刽子手把颜杲卿一刀一刀地剐（guǎ）死。颜杲卿的属下袁履谦被砍断手足后，也被叛军杀了。颜杲卿的亲属有三十多人同时遇难，看见的人都流下了热泪。

两年之后，朝廷追赠颜杲卿为太子太保，谥号忠节。时任蒲州太守的颜真卿派人寻找堂兄颜杲卿、侄子颜季明的遗骸，只得到杲卿的部分尸骨和季明的头颅。他在极度悲愤的情绪中写下了《祭侄文稿》。《祭侄文稿》又称《祭侄季明文稿》，被誉为"天下第二行书"。

江 童 颜 郭
jiāng tóng yán guō

◎ 姓氏起源

颜姓的来源主要有两支。一是出自姬姓，属于以祖先的字为姓。黄帝的孙子叫颛顼，颛顼的玄孙叫陆终，陆终的第五个儿子

颜徵在祈祷于尼丘山而生孔子。

名安,大禹赐姓曹。安的裔孙名挟,周武王时封于邾(zhū,今山东邹城),建立邾国(参见107页"姓氏起源")。邾挟的后代夷父,字颜,又称邾颜公。邾颜公的后代有以颜为姓的。二是出自姬姓,属于以邑名为姓。周公的长子伯禽被封于鲁,伯禽的后代有封在颜邑的,便以封邑为姓,也称颜姓。孔子的母亲颜徵(zhēng)在就是鲁国颜氏之女。

知识拓展

什么姓可以不称"免贵"?

中华传统礼仪一向讲究谦恭礼让,尊重他人。国人初次见面时,一般喜欢问:"您贵姓?"另一方一般回答:"鄙人免贵姓某。"免贵,从字面理解就是不需要用"贵",表示自己在姓氏上并不比问者尊贵,双方是平等的。但是,中国历史上有两个半姓不能称"免贵",如果"免贵",不但会被别人笑话礼数不周,有可能还会惹来意外麻烦。那么,究竟是哪两个半姓呢?

半个指皇家姓氏,这乃是钦定的贵姓。在封建社会,皇帝的姓氏被尊为国姓,能与皇帝同姓是一种荣耀,被赐予国姓更是无上的荣耀。所以,如果和皇帝同姓的话,千万不能说免贵,以免触犯皇帝,引来杀身之祸。但是,没有不垮的王朝,也没有永恒的国姓。一旦改朝换代,前朝的姓氏就不再是国姓。因此,"国姓"只能算是半个贵姓。

张天师画像

除了国姓这半个贵姓,另外两个贵姓是什么呢?一个是张姓,这既是玉皇大帝的姓,也是张天师的姓。玉皇大帝未成仙时的俗家名字叫张自然,还有传说叫张友仁、张百忍、张坚的。反正不管叫什么,都是姓张。所以,张姓不能说免贵,以免得罪天上的神明。此外,民间还流传着一种说法,因天上的玉皇大帝姓张,于是人间的皇帝便不能再有张姓了。

还有一个贵姓是孔姓。从汉至清,历代帝王尊儒尊孔,对孔子的加封规格不断提高。孔子成为至高无上的圣人,孔姓也成为无比尊贵的姓氏。所以,孔姓如果说免贵的话,那就是对至圣先师不敬。另有一种说法,孔、孟、颜、曾都在贵姓行列,因为这四姓的祖先可分别追溯到至圣孔丘、亚圣孟轲、复圣颜回、宗圣曾参。作为圣人后裔,在被问及贵姓时,是不需要说"免贵"的。

顺便说一句,"贵"姓也是姓。"贵"姓最正宗的一支同颜姓一样，源自颛顼玄孙陆终，以其封地贵邑（今陕西咸阳渭城区）而得名。但是，"贵"姓却不在贵姓行列，他仍然要回答"免贵姓贵"。当代社会崇尚人人平等，姓氏再无高低贵贱之别，上述问题亦不复存在，因此，张、孔等姓如今也大都说"免贵"。